本书受到以下项目资助：
1. 四川省科技厅"凉山地区幼师性教育科普培训"，项目编号：24KJPX0060
2. 四川性社会学与性教育研究中心"幼儿性教育科普用书的开发及应用"，项目编号：SXJYA2303
3. 农村幼儿教育研究中心"农村幼儿性教育师资培训及效果分析"，项目编号：NYJ20230610
4. 泸州市科普资源开发项目"幼儿性教育科普用书开发"，项目编号：2023-6

幼儿性教育家园指导手册

守护孩子一生的幸福

叶运莉 马文燕 杨蓉 主编

四川大学出版社
SICHUAN UNIVERSITY PRESS

图书在版编目（CIP）数据

幼儿性教育家园指导手册：守护孩子一生的幸福 / 叶运莉，马文燕，杨蓉主编. — 成都：四川大学出版社，2024.3

ISBN 978-7-5690-6503-9

Ⅰ. ①幼… Ⅱ. ①叶… ②马… ③杨… Ⅲ. ①性教育－学前教育－教学参考资料 Ⅳ. ① G613.3

中国国家版本馆 CIP 数据核字（2023）第 244339 号

书　　名：	幼儿性教育家园指导手册：守护孩子一生的幸福
	You'er Xingjiaoyu Jiayuan Zhidao Shouce：Shouhu Haizi Yisheng de Xingfu
主　　编：	叶运莉　马文燕　杨　蓉

选题策划：许　奕　曾　鑫
责任编辑：曾　鑫
责任校对：倪德君
装帧设计：胜翔设计
责任印制：王　炜

出版发行：四川大学出版社有限责任公司
　　　　　地址：成都市一环路南一段 24 号（610065）
　　　　　电话：（028）85408311（发行部）、85400276（总编室）
　　　　　电子邮箱：scupress@vip.163.com
　　　　　网址：https://press.scu.edu.cn
印前制作：四川胜翔数码印务设计有限公司
印刷装订：成都市新都华兴印务有限公司

成品尺寸：148 mm×210 mm
印　　张：6.25
字　　数：167 千字

版　　次：2024 年 3 月 第 1 版
印　　次：2024 年 3 月 第 1 次印刷
定　　价：39.00 元

本社图书如有印装质量问题，请联系发行部调换

版权所有 ◆ 侵权必究

扫码获取数字资源

四川大学出版社
微信公众号

主　编：叶运莉　马文燕　杨　蓉

副主编：李小霞　高春月　程　静

参　编：（排名不分先后）

王甄楠　李　叶　夏　华　刘　娅

鲁　露　余　颖　周忠贤　闫　润

陈　燕　徐群英　姜沁伶　李　茂

张　容　谭　虹　杨俊红　陈思颖

秘　书：夏　华　姜沁伶

序

近年来，我国陆续颁布针对学校和家庭性教育的法律法规。2021年9月1日，我国新修订的《未成年人学校保护规定》正式实施，明确了学校开展性教育的责任与义务。教师作为幼儿校园生活的关键参与者，对于幼儿性教育的实施起着至关重要的作用。2021年9月8日，国务院印发的《中国儿童发展纲要（2021—2030年）》，要求父母或其他监护人根据儿童年龄阶段和发展特点开展性教育。2022年1月1日起施行的《中华人民共和国家庭教育促进法》规定家长应关注未成年人心理健康，教授防性侵等方面的安全知识。因此教师和家长有着共同的教育孩子职责，促进孩子的健康成长。但是，由于社会上谈"性"色变的现象还较为普遍，以及学校和家庭性教育的缺失，大多数教师或者家长很难接触到全面科学的性教育知识，可能导致幼儿在性盲区中成长。

笔者所在的团队在5年的幼儿性教育科普实践中开发了一套全面的幼儿性教育家园指导手册。该手册在笔者团队修改完善后形成本书。本书根据5~8岁孩子的身心发展特点，专门设计教案集，内容详细，可以用作上课的讲稿。读者即使从未开展过幼儿性教育，从未讲过课，在阅读本书后，也能知道如何开展幼

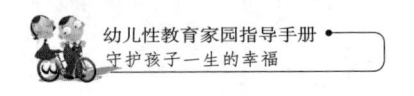

性教育。本书适用于广大致力性教育事业的老师或志愿者朋友。

本书也设计了如何给家长开展性教育的课程，这有利于推动家园合作，并帮助家长开展家庭性教育，使幼儿在家中也能继续巩固幼儿园性教育的成果。这本手册对于希望为幼儿创造一个安全性教育环境的人来说，或为一个宝贵的资源。

本书填补了我国 5~8 岁幼儿性教育教案集的空白，包括 5 次家长课堂、12 次幼儿课堂教案集等，涵盖了身体教育、生命教育、性安全教育和性别教育 4 个主题。科学的性教育能够促进幼儿健康成长。本书希望通过身体教育，帮助幼儿了解自己的身体，满足幼儿的好奇心，培养幼儿悦纳自己的观念；通过生命教育，帮助幼儿树立珍爱生命的观念，使其懂得感恩，学会表达爱；通过性安全教育，引导幼儿知道哪些行为是不安全、不恰当的，从而学会保护自己；通过性别教育，培养幼儿性别平等的观念，让他们知道所有人都应该被平等对待和尊重。健康包括 3 个维度：身体健康、心理健康和社会适应良好。本书注重把 3 个维度融合在各个方面，希望以此培养受教育者自由、平等、尊重、多元的性价值观，做有温度、有灵魂、有深度的性教育。

在复杂的性世界中，本书为幼儿提供了所需的知识和支持。本书的一系列课程可视为一种有益幼儿性教育的工具。笔者希望，本书能够得到广泛的使用和分享，教师和家长齐心合力，为幼儿创造一个更光明、更健康、更幸福、更快乐的未来！

读者如需要指导手册培训、配套 PPT 和宣传资料，可联系叶运莉 wushuangyewu@163.com。

叶运莉

2023 年 12 月

目 录

第一篇　家长课堂

概　述　认识幼儿性教育……………………………………… 3
第一课　身体教育………………………………………………… 24
第二课　生命教育………………………………………………… 38
第三课　性安全教育……………………………………………… 49
第四课　性别教育………………………………………………… 63

第二篇　幼儿课堂

第一课　我们的身体……………………………………………… 81
第二课　性卫生习惯……………………………………………… 89
第三课　爱身体、爱自己………………………………………… 97
第四课　生命的诞生……………………………………………… 105
第五课　宝宝的孕育……………………………………………… 113
第六课　我们的家庭……………………………………………… 124
第七课　认识隐私部位…………………………………………… 136

1

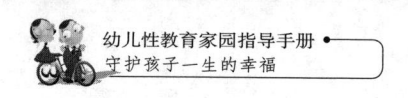

第八课	拒绝不好的身体触碰	143
第九课	学会保护自己	152
第十课	我们的外貌	162
第十一课	我们的兴趣爱好	170
第十二课	我们的理想	179
参考文献		187

幼儿性教育家园指导手册

守护孩子一生的幸福

第一篇

家长课堂

概　述

认识幼儿性教育

教学目标

（1）知识：理解全面性教育的基本概念、内涵，开展性教育的目的和意义，开展幼儿性教育的常用方法。

（2）技能：掌握全面性教育的策略与技巧，自然地与孩子谈性相关问题。

（3）情感与价值观：意识到全面性教育的重要性和必要性，树立自由、平等、尊重、多元的性价值观，矫正谈"性"色变、"性教育"即"性交教育"的错误观念。

教学准备

教学课件（PPT）、大白纸、记号笔、签字笔。

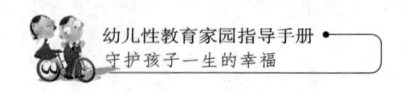

教学过程

（一）课程介绍

教师：大家好，我是××老师，今天我们一起来认识性教育。

（二）主题导入

引导提问

教师：近年来，儿童性侵事件时有发生，诸多恶性事件被公之于众，引起了社会的广泛关注。例如，2016年韦明辉强奸案，以拿鞭炮为由诱骗5岁女童，将其掐晕后实施强奸，然后杀死并掩埋[1]；2017年浙江宁波16个月大女婴被"熟人"性侵[2]；2019年，大连13岁男孩性侵并杀害了10岁女孩；2020年上海某书店10岁男孩猥亵5岁女孩[3]；上市公司高管鲍毓明被指性侵未成年养女李星星4年；2022年网上有人发布在乡村公路上拍到一个老头用玩具诱奸未成年女童。……

教师：你还知道哪些有关儿童性侵的案例？

---

[1] 中华人民共和国最高人民法院. 性侵害儿童犯罪典型案例，[EB/OL]. (2019-07-24) https://www.court.gov.cn/zixun/xiangqing/172962.html.

[2] 宁波16个月大女婴被熟人性侵，尿不湿上全是血！[EB/OL]. (2017-04-25) https://www.sohu.com/a/136385366_612707.

[3] 上海书店性侵事件：被"性无知"毁掉的孩子 [EB/OL]. (2020-07-14) https://www.thepaper.cn/newsDetail_forward_8288123.

（学员讨论）

教师：我们身边还有很多类似的案例没有被曝光，从这些案例中不难发现，很多幼儿是被"熟人"诱导后惨遭性侵的，这些都与性教育缺失有关。

教师：各位知道性教育缺失会造成哪些不良影响吗？

（学员讨论）

教师：性教育缺失可能造成校园暴力、家庭暴力、性侵害、低龄性行为、早孕、流产、性别歧视、自杀等，还可能会造成孩子缺少自我保护意识，难以正确应对性侵害，存在猎奇心理，错误地探索自己的身体。网络和社会上的负面影响还会导致孩子难以建立正确的性价值观等。

● 教学提示

主讲教师可以在上课前对参与课程的学员进行问卷调查，了解学员有关性教育的认识和看法，以案例引入、参与式培训的形式进行讨论，帮助学员一步步认识性教育的必要性。

● 小结过渡

教师：有必要尽早对孩子开展全面性教育，这是保护孩子安全的需要，是孩子将来人生幸福的需要，是促进孩子健康发展的需要。

（三）知识点一：认识性教育

1. 性教育的依据

教师：2021年9月1日，我国新修订的《未成年人学校保护规定》正式实施，明确了学校开展性教育的责任与义务。教师作为幼儿校园生活的关键参与者，对于幼儿性教育的实施起着至关重要的作用。2021年9月8日，国务院印发的《中国儿童发

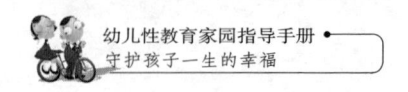

展纲要（2021—2030年）》，要求父母或其他监护人根据儿童年龄阶段和发展特点开展性教育。2022年1月1日起施行的《中华人民共和国家庭教育促进法》规定家长应关注未成年人心理健康，教授防性侵等方面的安全知识。并且，在联合国《国际性教育技术指导纲要》、欧洲《全面性教育标准》中，也提出了要开展未成年人性教育。

2. 什么是全面性教育？

○ 引导提问

教师：大家有没有听说过全面性教育？（学员回答）下面我们一起来了解一下什么是全面性教育。

○ 知识点讲解

教师：全面性教育（comprehensive sexuality education, CSE）是基于课程，探讨性的认知、情感、身体和社会层面意义的教学。其目的是使少年儿童具备一定的知识、技能、态度和价值观，从而确保其健康、福祉和尊严。全面性教育培养相互尊重的社会关系和性关系，帮助儿童和青少年学会思考：他们的选择如何影响自身和他人的福祉，并终其一生懂得维护自身权益。大量证据表明，全面性教育能够使受教育者获得准确且适龄的性相关知识、态度和技能，建立积极的价值观。

教师：《国际性教育技术指导纲要》共包含8个核心概念，即人际关系，价值观、权利、文化、媒介与性，社会性别，暴力与安全保障，健康与福祉技能，人体与发育，性与性行为，性与生殖健康。为了方便大家学习，本书从性生理、性心理及性伦理道德3个方面进行了梳理。

（1）性生理：两性生殖器官的名称、结构、功能，性器官卫生保健知识；第二性征、月经、遗精等青春期发育知识；自慰、性交、性高潮、怀孕、避孕知识；人工流产的伤害、艾滋病、其他性病的防范等。

（2）性心理：社会性别、心理性别、性欲调控、性取向、恋爱心理、青春期心理发育特点、性梦、性幻想、色情品等。

（3）性伦理道德：尊重自己与他人的隐私和身体权；性安全知识，如何防范性侵害；与异性交往礼仪、沟通技巧；性别平等观念；恋爱、婚姻的权利责任和义务；性权利、性相关的法律，性价值观等。

◦ 教学提示

教师以 PPT 呈现全部内容，挑重点进行讲解，重点用下划线标出。

◦ 小结过渡

教师：性教育绝不是性交教育，也不仅仅是防性侵教育，应该是根据不同年龄进行的性生理、性心理、性伦理道德教育，目的是促进受教育者形成正确的性价值观，达到人人享有性健康的目的。

3. 什么时候开展性教育？

◦ 引导提问

教师：有人说，"我孩子还小呢，什么都不懂，没必要跟孩子讲这些"。大家觉得应该在孩子几岁时开展性教育呢？（分为小于 5 岁、5～9 岁、10～15 岁，共 3 个年龄段询问，做调查统计）

教师："我孩子还小呢，什么都不懂，没必要跟孩子讲这些"，这是大部分家长对待性教育的态度。课题组前期研究发现，在 1025 个家长中，有 46.8% 的家长不知道应该什么时候开展性教育，只有 29.6% 认为应该在 5 岁以下接受性教育（图 1）。那

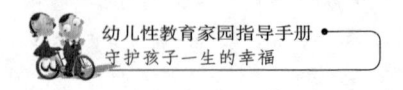

么到底该什么时候开展性教育呢？

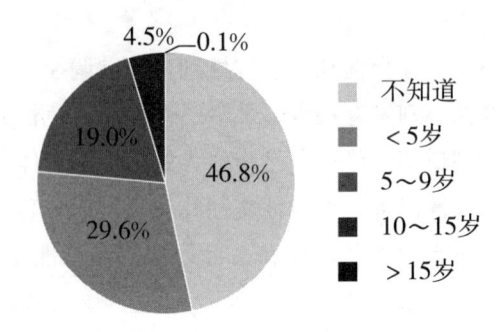

```
4.5%  0.1%
19.0%
46.8%
29.6%

■ 不知道
■ <5岁
■ 5~9岁
■ 10~15岁
■ >15岁
```

图1 "孩子该从几岁开始开展性教育？"调查结果

○ 知识点讲解

教师：研究发现，大多数幼儿都会对自己的身体感兴趣。幼儿在0~3岁时就已经有触摸或玩弄自己生殖器官的行为了，4~6岁的幼儿还可能用生殖器官摩擦被子、枕头、玩具或夹腿等，甚至还有的会用手指或其他物品插入阴道、尿道或肛门，也就是类似自慰的行为。因此，为了避免幼儿在探索自己身体的时候受到伤害，应该从幼儿阶段就开展性教育，让他们懂得如何保护自己的身体。幼儿性教育是家庭教育不可或缺的一部分，要让孩子逐步从家人对待性的态度、语言和行为中去认识性。

○ 小结过渡

教师：性教育应该从幼儿阶段就开始，其中家庭应该承担主要责任。鉴于大多数家长都没学过相关知识，下面为大家整理了幼儿阶段性教育的主要内容、目标和课程安排，以促进家园合作，助力孩子的成长。

（四）知识点二：幼儿性教育的课程安排

1. 幼儿性教育的主要内容及目标

○ 知识点讲解

教师：对孩子的性教育不需要"正襟危坐"，可以融入生活中的点点滴滴，在适合的年龄告诉孩子相应的知识、培养孩子具备相关的技能、树立正确的性价值观。学龄前到小学2年级的孩子需要学习的内容和培养目标如下。

身体教育：孩子对身体感到好奇是正常的，家长要教孩子一些身体重要器官的科学名称，包括内外生殖器官，并描述它们的基本功能；能够正确地保护和清洗自己的身体，包括外生殖器官；认同包括生殖器官在内的每个身体部位都很重要，知道每个人都有身体权。

生命教育：孩子知道小宝宝从哪里来，了解生命孕育的过程，包括受精卵的形成、胚胎的发育和宝宝的出生的基本知识，懂得珍爱生命与表达爱；知道家庭的类型及功能，学会尊重家人、理解朋友，懂得怎样正确地表达爱。

性安全教育：孩子能够说出男孩和女孩的隐私部位的名称，知道隐私部位不能随便让别人看/摸，树立隐私观念和自我保护意识，尊重自己和他人的隐私；能够辨别安全警报，分辨好与不好的身体触碰，应用身体安全法则和"四步法"保护自己。

性别教育：孩子懂得男孩和女孩除了生理性别存在差异外，在穿衣打扮、兴趣爱好和未来的理想职业上都是平等的，认同性别多元、平等，悦纳自己、尊重他人，避免产生性别刻板印象。

○ 小结过渡

教师：身体教育、生命教育、性安全教育和性别教育是幼儿

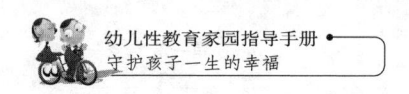

性教育的主要内容。本书根据全面性教育技术指南，制定了适合5~8岁孩子的幼儿性教育课程。

2. 幼儿性教育的课程安排

○ 知识点讲解

教师：幼儿课堂共 4 个主题，每个主题 3 次课，共 12 次课，每次课的名称及主要内容见表 1。（PPT 展示）

表 1　幼儿课堂的课程安排

主题	课次	课程名称	主要内容
身体教育	第一课	我们的身体	认识身体部位和重要器官，知道男孩和女孩生殖器官的不同、科学名称和基本功能。
	第二课	性卫生习惯	良好的性卫生习惯包括哪些，如何保护和清洗生殖器官。
	第三课	爱身体、爱自己	区分好和不好的身体感受；认识身体权，表达自己的身体感受。
生命教育	第四课	生命的诞生	动物的出生方式，人类新生命的诞生过程。
	第五课	宝宝的孕育	胎儿在妈妈子宫里孕育成长的过程，母亲怀孕期间身体的变化，子宫、脐带的作用，两种分娩方式。
	第六课	我们的家庭	家庭的不同类型与功能，爱的表达方式。
性安全教育	第七课	认识隐私部位	隐私部位的概念，男孩和女孩的隐私部位包括哪些，认识安全警报。
	第八课	拒绝不好的身体触碰	区分好和不好的身体触碰，了解必要的身体触碰，身体安全法则。
	第九课	学会保护自己	性侵害的概念和类型，如何分辨和防范性侵害，知道应用识别、拒绝、离开和告知"四步法"来保护自己。

续表

主题	课次	课程名称	主要内容
性别教育	第十课	我们的外貌	知道男孩和女孩是根据生殖器官不同，而不是外形不同来区分的；男孩和女孩都可以勇敢、温柔，也可以哭。
	第十一课	我们的兴趣爱好	性别不能限制个人的兴趣爱好，每个人都可以选择自己喜欢的玩具、运动项目等。
	第十二课	我们的理想	了解常见的职业，认识到职业不分男女，性别不能限制每个人理想职业的选择。

注意表1的课程内容安排主要适用于5~8岁的幼儿，其他年龄段的幼儿可以根据情况适当删减。开展幼儿性教育要适时适度，通过反复学习和培训，增加孩子对性的全面认识，培养悦纳自己、珍爱生命的意识，增强自我保护意识，形成性别平等的观念，为逐步建立正确的性价值观打下基础。

（五）知识点三：如何开展幼儿性教育

○ 引导提问

教师：大家觉得我们应该如何开展性教育呢？（学员讨论）

教师：开展性教育应该遵循真实全面、适时适度、循序渐进、以身作则的基本原则。对幼儿进行的性教育一定要注重教育的方法，抓好教育的时机。

○ 知识点讲解

教师：
1. 开展全面性教育的基本原则
（1）真实全面：性教育要覆盖各年龄段学习者的需求，使其全面了解与性有关的全部主题，不仅包括性生理卫生教育和防性侵教育，而且包括性心理教育、人格与价值观的教育。性教育要做到不欺骗、不回避、不片面。例如，当孩子问"我从哪里来"，有的家长说"你是从垃圾堆里捡来的"，这就是欺骗；孩子询问与性有关的问题时，有些家长说"等你大了就懂了"，这就是回避；在性教育中，如果只讲性的痛苦和负面的东西，而回避性带给我们的愉悦感觉，这就是片面。

（2）适时适度：性教育着眼于儿童和青少年成长过程中不断变化的需求和持续发展的能力，根据学习者的年龄和所处的发展阶段，及时提供最能满足其当前阶段健康和福祉所需要的内容。

（3）循序渐进：性教育是一个循序渐进的过程，它应该从孩子出生就开始，根据儿童不同阶段性生理、心理发展特点，学习内容应不断丰富和拓展，并呈螺旋式上升。但任何时候给孩子开展性教育都不算晚，都可以由浅入深、循序渐进地填补各年龄段应该掌握的性相关知识。

（4）以身作则：教育者要注意以身作则，发挥榜样作用。认同开展幼儿性教育的必要性，积极主动去了解科学全面的性教育相关知识，学习开展性教育的技能和方法，形成多元、平等、尊重的性价值观，使自己在知识、态度和行为各方面都尽量符合全面性教育的要求，并在日常生活中践行。

2. 开展幼儿性教育的方法

（1）讲故事：利用性教育绘本，开展亲子阅读。

（2）做游戏："不能碰我的小屁屁"等。

（3）看视频听音乐，一起舞蹈，如身体歌等。

（4）用绘本、挂图，或者自己画图教孩子认识生殖器官及隐私部位。

（5）介绍动物、植物等自然知识时渗透人体器官和生理行为等内容。

（6）游泳时，通过泳衣认识隐私部位。

（7）分类处理孩子性游戏：孩子经常玩过家家、角色扮演的游戏，家长/教师要分类处理孩子这一类的性游戏。孩子玩无危险、没过界限的性游戏时，则顺其自然，注意观察，适当引导；玩有危险、过界限的性游戏时，及时提醒，转移注意力，温和制止，过后告诉孩子不能侵犯他人隐私，讲道理、明界限。

（8）与孩子一起洗澡，认识身体的不同。有些家长担心同孩子一起洗澡不好，其实孩子和父母一起洗澡，可以帮助孩子了解同性和异性、孩子和大人的身体结构差别，理解男女不同。注意如果不愿意也不要勉强，要尊重每个人的身体权。

（9）给孩子看父母结婚及孩子出生的照片、录像等，让孩子感受到家庭的爱。

（10）展示孩子不能穿的小鞋、衣服，让孩子体会自己的成长，期待未来的成长。

（11）当孩子表现出恋父、恋母情结时，父母要大胆秀恩爱，要让孩子感受到父母之间有非同一般的亲密关系，是孩子不能介入的。一个家庭，夫妻关系要放在第一位，其次是亲子关系。

3. 开展幼儿性教育的注意事项

（1）性教育内容要适应孩子的理解力。

对孩子在不同年龄的性教育，其侧重点不同。对于幼儿时期的孩子，性教育的重点是教会他们认识生殖器官，了解生命的起源，学会保护自己，了解性别平等，避免形成性别刻板印象。孩子学说话的时期，就可以在洗澡的时候，告诉孩子生殖器官的名称，以及男孩和女孩的区别。2~3岁，要告诉孩子隐私部位及自我保护相关知识，让他们逐渐形成保护自己的意识。再长大一点时，可以通过绘本，让孩子了解到适合他们年龄的性知识。虽然孩子从3~4岁开始就对性有了好奇，但是毕竟孩子的理解力不够。灌输太深奥的两性知识，孩子也无法听懂，而且将来长大了，也未必能记得住。所以在5岁之前，性生理知识方面，只需要浅显地告诉孩子关于男女第一性征的差别即可。总之，家长或老师一定要结合孩子的年龄，逐步开展性教育。

（2）注重开展性教育的时机与方法。

家长可以利用孩子玩游戏、洗澡、大小便、游泳、看电影等时机开展性教育。例如，现代社会资讯发达，影视剧中难免会有卿卿我我的镜头，此时家长不应该让孩子回避，而是告诉孩子这是表达爱的方式。开展性教育的方法主要是疏导，而不是压制。生活中，要给孩子和异性交朋友的机会，揭开异性的神秘感，提升孩子的人际交往能力。

（3）尊重孩子。

家长开展性教育需要与孩子良好地相处，从而建立良好的沟通关系。家长在尊重孩子的同时纠正其错误观念和认知，正确引导孩子，让他们感受到爱，学会表达爱。那么家长应该怎么尊重孩子呢？（学员讨论）

①认真回答孩子的问题：无论孩子的问题多么荒谬、多么简单，都应该认真对待。可以时常反问孩子"你觉得是什么呢？"启发孩子学会思考。很多孩子缺乏把答案说出来的自信，要鼓励孩子自己回答问题，培养孩子的自信心。

②兑现对孩子的承诺：对孩子的承诺要尽量兑现，要做有诚信的家长，避免孩子把承诺当成玩笑，引导孩子做一个有诚信的人。著名的寓言故事《曾子杀猪教子》就是一个很好的例子。幼儿时期正是孩子三观发育的重要时期，家长的一言一行对孩子来说都是有可能影响一生的，作为家长应该肩负起责任。

③语言上尊重孩子：可以经常对孩子说礼貌用语。

④尊重孩子的不同意见。

（4）让孩子学会感受与表达爱。

在对幼儿的性教育中，家长还应该让孩子逐渐懂得爱，能够

感受与表达爱。那如何做才能让孩子感受与表达爱呢？（学员讨论）

①家长是孩子的榜样，家长在生活中要经常表达对家人的爱，为孩子创造一个敢于表达爱的氛围。家长要抓住机遇，在生活的细节处渗透爱心教育，比如为家人倒水、捶背、送礼物、说关心的话，等等，让孩子学会如何表达爱。

②多关注孩子的优点：家长在教育和陪伴孩子成长的过程中，应该注意培养和肯定孩子的优点，少用打压式教育，对孩子要多肯定；尊重孩子，允许孩子表达自己的观点。

③正面教育：家长应该多鼓励和表扬孩子，维护孩子的自尊心，让孩子更加自立和自信。要尽量避免负面教育，不要让孩子在指责、羞辱中成长，这会阻碍孩子的健康成长。

4. 幼儿性教育的学习资源

为了帮助孩子解决成长路上遇到的性相关问题，我们除了配合学校开展性教育外，还可主动学习幼儿性教育的相关知识。下面推荐一些幼儿性教育的学习资源。

（1）性教育公众号、网课。

①公众号：爱与生命、保护豆豆、胡佳威、珍爱生命、增能赋权 ESE、学者方刚等。

②网课：中国大学 MOOC 的《儿童性发展与性教育》和《全面性教育》，网易云课堂的《性社会学》和《开得了口：家长性教育课程》等。

（2）幼儿性教育绘本：《我们的身体》《珍爱生命》《神奇的孕育》《生命与爱的秘诀》《小鸡鸡的故事》《呀！屁股》《乳房的故事》《威廉的洋娃娃》《朱家故事》等。

（3）家长学习书籍：《给爸爸妈妈的儿童性教育指导书》《从尿布到约会》《从子宫到地球的距离》《家庭性教育 16 讲》《和孩子谈谈性》《电影性教育读本》《小小宝贝、大大情感》《做不尴

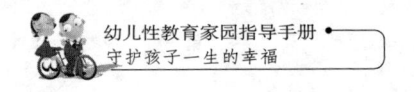

尬的父母——家庭性教育 150 问》等。

（六）课后小结

○ 教师提问

教师：今天我们学习了"认识幼儿性教育"，有人愿意分享一下这次课的心得和感受吗？（学员分享）

○ 小　结

教师：感谢大家的分享，我们学习了全面性教育的概念、目的和意义，科学的性教育是保护孩子安全的需要，是孩子将来人生幸福的需要，是促进孩子健康发展的需要。性教育不是性交教育，也不仅仅是防性侵教育，而是包括了生理、心理、社会等各个层面的全面性教育。性教育应该从孩子一出生就开始，由家长、教师、政府和社会共同参与。希望我们一起努力，让孩子们学会保护自己，懂得珍爱生命，懂得感恩，学会表达爱。

○ 答疑解惑

教师：下面是答疑解惑时间，如果有问题请提出来，大家一起讨论。（学员提问、讨论，教师小结）

○ 结束语

很高兴大家能积极参与讨论，下节课我们将一起学习如何给幼儿开展身体教育，希望大家积极参加。

知识加油站

（一）儿童性教育的常见误区

1. 误区一：性教育会引起孩子性早熟

性早熟是医学概念，是内分泌异常引起的，性教育绝不会影响孩子的内分泌，当然就不会导致性早熟。如果担心或者怀疑你的孩子性早熟，可以去医院进行检查。性教育可以教会孩子互相尊重、自我保护和自我悦纳，让孩子知道如何做出负责的决定，懂得珍爱生命，懂得感恩。总之，性教育是有利于孩子健康成长的。

2. 误区二：孩子对性一无所知，纯洁得像一张白纸

不要认为孩子对性一无所知。孩子获取性信息的渠道很多，例如，生活中许多广告都暗含性信息，影视作品中有男女亲热的镜头，文学作品中有关于性的描写……我们要清晰地认识孩子所处的信息环境、生活环境，正视传媒带来的影响，及时了解孩子的真实状态。所以当孩子主动问到与性有关的问题或是谈及相关的话题时，家长应该从容应对，不要慌张，更不要回避，家长应该为孩子提供适时适度、科学准确的性相关知识，培养相关的技能，帮助孩子形成正确积极的性价值观。

3. 误区三：性教育要等孩子问了再答

性教育越早越好。有些人认为性是羞耻的、恶心的，不能对孩子提起。性知识和其他科学知识一样，都需要给孩子讲解。当孩子有性相关问题得不到回应时，会用自己的方式去寻找答案，如偷看别人洗澡、上厕所，自慰，玩性游戏等，但这

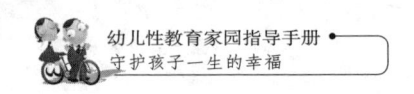

些方式往往是不正确的，有安全隐患，也容易被坏人利用。因此，家长一定要掌握性教育的主动权，主动学习性教育相关知识，尽早在日常生活中开展适时适度的性教育，更不要回避孩子的提问，要用孩子能听懂的语言积极回应孩子与性相关的问题与行为。

4. 误区四：性教育就是防性侵教育

如果家长只与孩子谈论如何预防性侵害，只会增加孩子对性的恐惧。性教育不是简单的生理卫生知识，也不仅仅是预防性侵的安全知识。性教育最重要的是对孩子价值观的教育，让孩子懂得平等、懂得尊重、懂得做出负责任的选择，这样的价值观将会陪伴孩子一生，让孩子成为一个人格健全的人。

（二）推荐阅读

1. 适合孩子的读物。

《从子宫到地球的距离》《从尿布到约会》《男孩女孩的第一本身体书》《男孩的养育书（0—7岁）》《小小宝贝、大大情感》《皇家海星威廉的思考》《成长与性第二版（上）》《成长与性第二版（下）》《性别常识互动游戏书》《身体里的荷先生和荷太太》《小鸡鸡的故事》《乳房的故事》《呀！屁股》《再见，妈妈的奶》《蜕变吧！少女》《蚯蚓的日记》《我们的身体》《我来保护我自己》《丁丁豆豆趣味拼图》《宝宝从哪里来》《朱家故事》《幼儿性教育系列绘本》《我与爸爸系列绘本》《男孩的秘密》《女孩的秘密》《宝宝的诞生》《神奇的孕育》《我也想有个小宝宝》《生命与爱的秘诀》《我宝贵的身体》《我的弟弟出生了》《我是女孩，我弟弟是男孩》《威廉的洋娃娃》等。

2. 适合家长的书籍

《给爸爸妈妈的儿童性教育指导书》《家庭性教育16讲》《和孩子谈谈性》《电影性教育读本》《让爸爸教育好孩子》《10岁

前，决定孩子的一生》《给孩子好的性教育》《向死而生》《做不尴尬的父母——家庭性教育 150 问》等。

3. 教师专业用书

《小学性教育教师用书》《小学生性教育教学工具包（6—12 岁）》《初中生性教育教师用书》《初中生性教育教学工具包（12—15 岁）》《中小学生性教育（儿童手册 1—6 年级）》《中小学生性教育（儿童手册 7—9 年级）》《中小学生性教育（教师手册 1—6 年级）》《中小学生性教育（教师手册 7—9 年级）》《青少年性教育（核心信息）》《中学性教育教案库》《高中生性教育教学工具包（15—18 岁）》《青春健康教育指南》《青春期性教育教师实用手册》《全面性教育技术指南－国际标准在中国的潜在本土化应用第一版》等。

（三）中小学生性教育的主要内容

1. 小学低段（6—9 岁）

（1）生理知识：身体教育，能分辨身体各部分器官，知道其科学名称，包括内外生殖器官，并描述它们的基本功能；能够正确地清洗自己的身体，包括外生殖器官；认同包括生殖器官在内的身体器官都很重要，对身体器官感到好奇是正常的。

（2）自我认知：每个人都是独一无二的，都能够为社会做出贡献，且有被尊重的权利；避免性别刻板印象，懂得悦纳自我；每个人都享有人权，儿童也享有各种权利。

（3）怀孕生殖：开展生命教育，了解生命孕育、成长发育的基本知识，知道我从哪里来，懂得尊重生命与爱。

（4）人际关系：知道有不同的家庭类型（单亲、重组等），家庭成员需要扮演的家庭角色和承担的家庭责任；学习如何尊重、理解家人，懂得怎样正确地表达对家人的感情。

（5）性别教育：了解生理性别与社会性别的差异；家庭、学

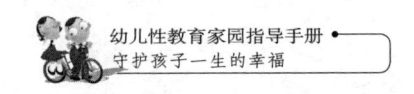

校、社会中存在的性别不平等现象；了解性别暴力，学会寻求帮助。

（6）个人安全：开展安全教育，知道身体权，知道所有人包括孩子，都有权拒绝别人的触摸；如何应对不好的身体触碰，可以告诉哪些可信任的成人；学会如何保护自己，明确地拒绝，如何安全地离开让你觉得不舒服的人或者环境，以及如何举报坏人；知道保护身体的隐私部位非常重要。

2. 小学高段（9—12 岁）

（1）生理知识：结合人的生命周期描述第二性征，知道身体主要器官的功能，学会保护自己。

（2）自我认知：知道怎样保护自己，知道什么叫"性倾向"；知道要尊重人的差异性；知道自己的权利。

（3）青春期和发育：了解青春期生理发育基本知识；初步掌握相关的卫生保健知识；了解日常生活中的安全常识，学会在体育锻炼中自我保护，提高自我保护的能力。

（4）人际关系：了解如何在家人的帮助下建立价值观，如何在家人的支持或引导下做出决策；区分不同家庭成员的角色、权利和责任，支持性别平等；了解健康和疾病会影响家庭的功能和家庭成员的能力和责任。

（5）性别教育：学会应对在家庭、学校、社区和社会中的性别不平等；知道性别刻板印象会带来性别偏见和性别歧视；知道任何形式的性别暴力都是错误的，都是对人权的侵犯。

（6）个人安全：知道不同形式的性暴力及其预防方法，非自愿的性关注是对个人隐私的侵犯，示范抵御非自愿性关注的方法。

3. 初中阶段（12—15 岁）

青春期是人的一生中从儿童发育到成人的过渡时期，是以生殖器官开始成熟和出现第二性征为起点，在生理上、心理上发生重大变化，直至成熟的阶段。世界卫生组织（WHO）认定 10~20 岁为青春期，我国一般女孩 10~12 岁、男孩 12~14 岁进入青春期。青春期的发育有早有晚，发育早的孩子会在 9 岁左右进入青春期，发育晚的孩子可能在 13 岁左右进入青春期。孩子们看到自己和同伴的变化，可能会变得敏感，感到困惑、焦虑甚至自卑。所以要特别让孩子们知道青春期发育有早有晚是正常的。

（1）生理知识：了解青春期的生长发育、保健知识、常见性生理问题的预防和处理方法；知道在青春期和怀孕过程中，激素在性成熟和生殖过程中发挥了重要作用；理解性别及分类；生殖功能与性感觉之间存在差异，而且会随着时间产生变化；青春期是青少年的性成熟期，其在身体、认知、情感和社会交往各方面会发生较大变化，容易感到兴奋，并伴随压力；性感觉、性幻想和性欲都是自然现象，伴随人的一生；过早性行为、过早生育和生育间隔时间过短都存在健康风险；采取有效的避孕措施可以预防非意愿妊娠，预防艾滋病等。

（2）自我认知：建立自我认同；意识到成长意味着要对自己和他人负责；意识到当个人价值观影响他人的权利时，应当维护他人的权利；在做与性行为相关的决策时，应考虑到所有积极和消极的结果。

（3）人际关系：理性认识青春期交友与恋爱、异性交往的原则；正确处理家长或者其他监护人和孩子之间的冲突和误解；爱、协作、性别平等、相互关心和尊重对于健康的家庭关系和家庭功能非常重要；朋友之间会产生积极影响和消极影响；不平等地位和权力的差异会严重影响恋爱关系；基于差异的污名和歧视是缺乏尊重的表现，会危害他人，并且是对其人权的侵犯。

（4）性别教育：性别角色和性别规范影响人们的生活；亲密

关系可能会受到性别角色和性别刻板印象的负面影响；知道性别有多元的表达方式，倡导尊重不同的性别表达，杜绝性与性别暴力。

（5）个人安全：认识网络色情和网络安全；童婚、早婚、强迫婚姻和买卖婚姻以及因非意愿怀孕而成为父母，会带来负面的健康和社会后果；反对任何形式的性别暴力，无论施暴者是成年人、青少年还是对未成年人负有特殊职责的人；反对各种伤害儿童的违法犯罪行为；各种性病都是可以被预防、治疗或控制的；通过不同方法获取并正确使用安全套；了解艾滋病基本知识和预防方法。

4. 高中阶段及以上（15岁以上）

（1）生理知识：青春期常见的发育异常；生殖功能和性能力会随着年龄增长而产生变化；婚前性行为及意外怀孕；不是所有人都有生育能力，无法孕育孩子的人可以尝试其他方式实现养育孩子的愿望；激素对人一生的身体变化和情感发展起重要作用；有些行为会促进健康怀孕过程，有些则相反。

（2）自我认知：树立健康文明的性观念和性道德；意识到伴随成长，家庭角色和家庭责任将会发生变化；知道自己的性与生殖健康行为是否符合个人价值观、信念和态度；识别对方的"性同意"或"拒绝"；性行为能带来愉悦，同时伴随着与健康和福祉相关的责任。

（3）人际关系：人与人之间存在健康的性关系和不健康的性关系；一个人在成长过程中会用不同的方式表达喜欢和爱；反对性的污名化和性别歧视，提倡平等、尊重、包容的人际关系。

（4）性别教育：敢于挑战自己和他人的性别刻板印象；尊重每个人的性别表达与生活方式；性别不平等、社会规范和权力差异会影响性行为，并可能增加性胁迫、性侵害和性别暴力的风险；每个人都有责任倡导性别平等，反对侵犯身体权、隐私权等各种形式的性与性别暴力。

(5) 个人安全：如果在分享或公开性关系或性健康问题时遇到困难，青少年可以寻求相关帮助；性与生殖健康权利不容忽视和侵犯；亲密关系和性关系中的暴力是有害的，如果遇到这种暴力应该寻求相应的帮助。

第一课

身体教育

教学目标

（1）知识：认识男生、女生的生殖器官及基本功能与性卫生习惯，了解身体感受及回应的方法。

（2）技能：能够用科学的名称介绍人体主要器官及基本功能；指导幼儿养成良好的性卫生习惯，正确回答幼儿身体相关的问题。

（3）情感与价值观：孩子对身体（包括生殖器官）产生好奇是正常的，家长在处理该问题时始终持以正向、积极的态度，愿意用科学名称给予回答，让孩子认识到每个人都是独一无二的，都有身体权，都应该被尊重。

教学准备

教学课件（PPT）、大白纸、记号笔、性教育娃娃教具、生殖器官模型。

教学过程

（一）课程介绍

教师：大家好，我是××老师，今天我们一起来学习身体教育的相关知识。

（二）主题导入

○ 引导提问

教师：孩子问过你关于生殖器官的相关问题吗？你是怎么回应的？（学员讨论）

教师：下面是孩子常见的与身体有关的问题和行为。（学员思考和讨论）

案例一：孩子指着生殖器官问这是什么，你该怎么回答？

案例二：女儿问为什么她自己是蹲着尿尿，哥哥是站着尿尿，你该怎么回答？

案例三：看到孩子摸自己的"小鸡鸡"（阴茎），你应该怎么做？

案例四：孩子对残疾人士感到好奇，你应该怎么做？

○ 教学提示

一问一答，配合案例，介绍幼儿常见身体相关问题和行为。教师介绍了每个问题或行为后，可以问：如果遇到这些问题，家长应该怎么回应？引发学员思考和讨论。

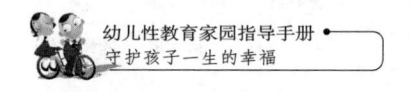

○ 小结过渡

教师：孩子问关于生殖器官的相关问题时，家长应当给予积极的回应，告诉孩子生殖器官和眼睛、鼻子等器官一样属于我们身体的一部分，其主要功能是生育。家长要带着孩子一起来认识我们的身体。

（三）知识点一：认识我们的身体

○ 引导提问

教师：平常家长都会主动教孩子认识我们的身体，这里是眼睛，这里是鼻子，等等，很多家长往往会因为自己缺乏生殖器官相关的知识，而忽略有关生殖器官知识的教育，或是误导孩子，因而很多孩子认为生殖器官是羞耻的、污秽的。我们应该怎样正确教育孩子关于生殖器官部分的内容呢？

○ 知识点讲解

教师：生殖器官和其他器官没什么不同，没有什么可笑和不可谈的，应该像介绍眼睛、鼻子、耳朵等器官一样，告诉孩子生殖器官是人类身体的一部分，是人类繁衍生命的器官。婴儿一生下来，大人就根据生殖器官来区分男女。随着年龄的增长，我们应该逐步让孩子了解男女主要生殖器官的名称、结构和功能，帮助孩子建立科学正确的认知。大家在教育孩子前，必须学习相关的理论知识。下面我们一起来了解生殖器官的相关知识。

教师：生殖器官分为内生殖器官和外生殖器官。

1. 男性外生殖器官

阴囊：长在阴茎根部，像两个"小口袋"一样的器官；阴囊内温度低于体温，里面有睾丸，对睾丸里面精子的发育和生存有重要意义。

阴茎：可分为阴茎头（龟头）、阴茎体和阴茎根三部分。龟头上有尿道口，头体部间有冠状沟，冠状沟容易藏污纳垢，要注意清洗。

包皮：阴茎体部至颈部皮肤游离向前形成包绕阴茎头的环形皱襞。

2. 男性内生殖器官

睾丸：发育成熟后，睾丸会产生精子，能产生雄激素和少量雌激素，雄激素能促进男性生殖器官和第二性征的生长发育。

附睾：储存和排放精子，促使精子成熟。

输精管：输送精子到尿道的重要通路。

尿道：男性尿道既有排尿功能，又有排精功能。精液由精子和精囊腺、前列腺分泌的液体组成，呈乳白色，一次射精2~3毫升，含精子3亿~5亿个。

3. 女性外生殖器官

阴阜：三角区，青春期以后会长阴毛，是第二性征之一。

大阴唇：为外阴两侧一对隆起的皮肤皱襞。

小阴唇：为大阴唇内侧一对隆起的皮肤皱襞。

大小阴唇有保护尿道、阴道的作用。

阴蒂：位于小阴唇前端。阴蒂头里面富含神经末梢，极为敏感。

阴道前庭：两个小阴唇之间的菱形区域。前庭的前方有尿道口，后方有阴道口。

阴道口：位于尿道口后方。阴道口上覆有一层薄膜，称为处女膜，学名是阴道瓣，膜上有开口，月经期经血由此流出。

4. 女性内生殖器官

阴道：月经血排出及胎儿娩出的通道，是生命的通道。

子宫：壁厚、腔小，是以肌肉为主的器官。腔内覆盖的黏膜

27

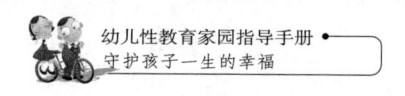

称为子宫内膜，青春期后受性激素影响会发生周期性脱落并产生月经。子宫是妊娠期孕育胎儿的部位。

输卵管：卵子与精子相遇的场所，也是运送受精卵的管道。

卵巢：能产生和排出卵子，分泌雌激素、孕激素和少量的雄激素。不同的激素有不同的用途，雌激素能促进女性生殖器官和第二性征的生长发育。

注意，不管是男性还是女性，体内都有少量的异性激素，只是水平比较低，这对于每个人的身体健康也是非常重要的。

○ 教学提示

讲解男女内外生殖器官的具体内容时，每个部分都可以先提问，让学员回答，然后教师配合相应图片或教具进行补充讲解，重点强调相应部位的名称和功能。

○ 小结过渡

教师：大家已经学习了生殖器官的科学名称及功能，今后在教孩子认识身体时或者孩子问到各种身体器官时，不要回避，一定要将这些知识告诉孩子，告诉孩子生殖器官的科学名称和功能，让孩子明白生殖器官和其他器官一样重要，知道无论在什么情况下，都要照顾和保护好自己的身体。那我们该怎么教孩子保持生殖器官的健康卫生呢？

（四）知识点二：良好的性卫生习惯

○ 引导提问

教师：大家在给孩子洗澡、洗屁股的时候，就是帮助孩子认识生殖器官和养成良好性卫生习惯的关键时间点。很多家长因为不注重孩子的性卫生习惯，常常导致孩子隐私部位清洁不到位或者清洁过度，出现生殖器官的病变——红、肿、热、痛、痒等，对孩子的健康造成不良影响。那么需要帮助孩子养成哪些良好的性卫生习惯呢？（学员讨论）

知识点讲解

教师：需要了解以下性卫生习惯。

1. 保持外阴清洁

女孩每天应用温水清洗外阴部。注意从里向外、从前往后清洗；可以用干净的毛巾和盆子，有条件的话，最好是用流动水冲洗。

男孩也要每天用温水清洗。注意从前往后洗。孩子 3 岁前没有必要翻开包皮洗，用清水把孩子的阴茎外部清洗干净就够了；3 岁以后，可以尝试翻开包皮清洗。

注意不要过度清洁，如每天用沐浴露、香皂、肥皂洗。

2. 勤换勤洗内裤

最好每日换洗，尽量在阳光下晾晒。

3. 便后清洁

大便后应从前往后擦屁股，避免污染生殖器官。

4. 洗手

饭前便后要洗手。

5. 隐私部位病变处理

孩子发现隐私部位出现异常，如红、肿、热、痛、痒等，要及时告诉家长、老师或者其他信任的大人，并及时就医。

小结过渡

在生活中家长要言传身教，培养孩子养成良好的性卫生习惯，每天清洗生殖器官，更换内裤。可能很多孩子不能明确表达自己的身体感受，家长要注意识别，进行积极正面的回应。

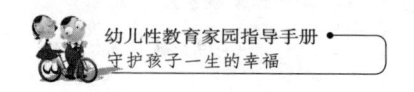

（五）知识点三：积极正面回应幼儿身体感受

引导提问

教师：家长是孩子成长路上的引路人，一言一行都会影响孩子价值观的形成。孩子受伤或难过的时候会哭，高兴的时候会笑，这些都是孩子在向家长表达身体感受，家长应该怎么回应呢？

知识点讲解

1. 孩子受伤或难过的感受

教师：孩子不会说话的时候，可能会因为饿了、冷了、热了或者大小便后不舒服而哭闹，也可能会因为磕碰、生病、打针等感到难受或疼痛而哭闹，这些都是孩子的正常表现。

教师：假如一个小男孩摔倒后哭了，家长一般会怎么做？（学员讨论）

教师：我们经常会看到这样的现象，家长会对孩子说"没事没事，不疼不疼"。看到孩子继续哭闹，家长会补充道"你是男子汉，你是最棒的！男子汉不能当'哭包'哦"。孩子们往往还是止不住哭泣，家长紧接着下一句可能是"别哭了，再哭我就走了"。大家想一想，这样的做法孩子会有什么感受？（学员讨论）

教师：当孩子委屈、疼痛的时候，是需要家长关心、疼爱的，但家长脱口而出的却是"没事、不疼、不哭"，这样的表达方式可能会让孩子觉得自己的感觉是错的，不再自信，或者认为自己不勇敢、不懂事等，孩子可能因此不敢表达负面情绪，压抑自己，长此以往，容易发展为心理疾病，如抑郁症。那么我们应该怎么正确回应孩子呢？（学员讨论）

教师：如果看到孩子摔倒了，正确的做法是，立即跑过去确认孩子是否受伤，如果有外伤，就要及时处理，要是没有外伤，你只需要轻轻地拥抱他，安慰孩子，说："宝贝，看到你摔倒了，我能感受到你的疼痛，如果你不舒服，想哭就哭一会吧！"我们其实都知道他很疼很难受，所以应该去安慰他、回应他。如果孩子犯了错，家长一定要温柔坚定地表达清楚，错在哪里，为什么错，这才是家长该做的。等孩子平静了，再一起讨论以后要注意什么才能减少类似的事情发生，减少不好的身体感受。

2. 孩子高兴的感受

教师：当孩子感到高兴时，应该怎样回应孩子呢？（学员讨论）

教师：当孩子高兴时，应该主动询问原因，让孩子与你分享快乐，养成分享的习惯，拉近彼此的关系，形成良性循环。平常要多做让孩子感到高兴的事情，如多与孩子拥抱，表达自己对孩子的爱；当孩子表现好的时候，多肯定孩子；多陪伴，给孩子讲故事、到户外活动，让孩子经常和小朋友一起玩等。

小结过渡

教师：总之，要注意识别孩子的感受，正确引导孩子，告诉孩子遇到不好的事情时要及时告诉老师或家长，然后讨论如何减少类似的事情发生；遇到好的事情时，鼓励孩子分享和表达，要多做让孩子感到高兴的事。

（六）知识点四：人人需要受尊重

知识点讲解

教师：要告诉孩子，身体是陪伴我们一生的好朋友，要懂得爱护和照顾自己的身体。告诉孩子每个人的身体都有一定的不同之处，每个人都是独一无二的，我们要悦纳自己，爱护自己的身

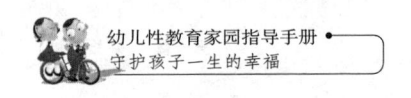

体，每个人都有身体权，所以也要尊重别人的身体。告诉孩子：

1. 每个人是不同的

世界上有很多和我们不同的人。

2. 每个孩子都是宝贝

那些没有父母、相貌特殊、有身体缺陷的孩子，跟我们一样都是平等的，我们要尊重他们。

3. 健康最重要

我们在各种媒体中经常看到很多身材火辣、大眼肤白的美女，高大帅气的"长腿欧巴"，这形成了全社会的"美貌暴力"。如果家长不注意引导，很容易让孩子在外貌上感到自卑。如果家长自己也因外貌自卑，那孩子就更容易受影响。所以，家长一定要先调整自己的心态，成为孩子的榜样。要形成正确的美丑观，树立健康最重要的观念。记住：健康是"1"，其他都是"0"。只有合理调配营养、坚持适量运动、遵循生活规律、保持愉快的心情，才能促进身体健康。

4. 不能嘲笑别人

不要嘲笑身材矮小、肥胖、肤色等和我们不一样的人，我们要尊重别人。对于身体或智力有缺陷的人，更不能嘲笑他们。不管他们是天生的还是意外事故导致的，他们要面对更多的困难，所以要给予他们力所能及的帮助。

○ 小结过渡

家长应该为孩子树立榜样，当遇到没有父母、相貌特殊、有身体缺陷的人，教会孩子如何尊重他人，鼓励孩子悦纳自己，正确对待自己与别人的不同，做到不强迫、不伤害他人，树立每个人都有身体权、我的身体我做主、人与人之间要相互尊重的思想观念！

（七）知识点五：如何回应孩子身体教育的相关问题和行为

引导提问

教师：我们已经学习了幼儿身体教育的相关内容，接下来我们一起试着回答上课前提出的几个问题吧！

知识点讲解

案例一：孩子指着生殖器官问这是什么，你该怎么回答？（学员讨论）

教师：若孩子指着生殖器官问这是什么，我们可以将生殖器官的科学名称大方地告诉孩子，如阴茎、外阴等。生殖器官和鼻子、眼睛这些器官一样，是我们身体的一部分，不必遮遮掩掩、感到不好意思，可以借助绘本或者人体娃娃，形象生动地教孩子，也可以在平常给孩子洗澡、洗屁股的时候，指出生殖器官在哪里，让孩子学习男女主要生殖器官的名称和功能。

案例二：女儿问为什么她自己是蹲着尿尿，哥哥是站着尿尿，你该怎么回答？（学员讨论）

教师：若孩子问到这个问题，家长可以借助看绘本、和孩子一起洗澡等机会，教孩子认识身体，告诉孩子，男孩女孩生下来的主要区别就是生殖器官不同，男孩女孩的尿道口的位置不同。男孩的尿道口在阴茎头上，在身体外面，像一个水龙头，站着尿尿不会尿到裤子上，因此可以站着尿尿；女孩的尿道口在阴部，不在身体外面，站着尿尿会尿到裤子上，所以只能蹲着尿尿。男孩女孩主要是生殖器官不同，其他都差不多，所以男孩女孩是平等的。

案例三：看到孩子摸自己的"小鸡鸡"（阴茎），你应该怎么

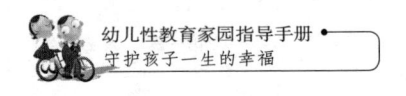

做？（学员讨论）

教师：孩子在探索"小鸡鸡"的时候，可能是无聊，也可能是好奇，也可能是不舒服，少数孩子可能在探索身体的过程中会发现摸"小鸡鸡"能够获得舒适感，类似青春期或成年人的"自慰"。6岁以前，孩子身体高速发育，性腺轴发育不大稳定，激素会产生一定的波动，少数孩子会有类似青春期自慰的表现，只是程度不同，比如男孩摸/蹭生殖器官，女孩夹腿等。孩子的自慰有两个高峰：第一个大概在1~2岁，第二个大概在4~6岁，不同孩子时间节点可能不一样。这也是孩子两个正常的发育阶段，和性早熟完全搭不上边，家长不用过度担心与解读。

家长看见孩子摸自己的生殖器官，首先要排除是疾病所致，比如皮肤干燥、湿疹或蛲虫感染等，注意外阴清洁卫生，不要给孩子穿紧身衣裤。对于排除生理因素之外者，请家长记住三不要原则：不要吼或者骂，不要打断体验，更不要当众斥责。可能本来孩子不是刻意为之，因为家长阻止，反而让孩子更关注了，会故意去摸，甚至给孩子带来心理压力，造成心理阴影，这样不是更糟糕吗？如果孩子在公开场合有这样的举动，可以先利用玩具或者其他事物转移孩子的注意力，并告诉孩子不要在公开场合这样做。自慰要注意：卫生、安全、隐私三原则。

案例四：孩子对残疾人士感到好奇，你应该怎么做？（学员讨论）

教师：孩子对残疾人士感到好奇，这是正常的，我们要借此机会引导孩子学会尊重他人。每个人的身体都是独一无二的，都应该被尊重。孩子如果看到别人欺负或者嘲笑残疾人士，可以勇敢地告诉别人这样做是不对的，或是请求大人的帮助。可以将心比心，让孩子站在残疾人士的角度考虑问题，要给予力所能及的帮助，懂得尊重他人。

（八）课后小结

教师提问

教师：今天我们学习了身体教育，有人愿意分享一下这次课的心得和感受吗？（学员分享）

小　结

教师：感谢大家的分享，希望通过这堂课的学习，大家能够学会怎样告诉孩子生殖器官的科学名称，让孩子知道生殖器官的名称、结构和功能，知道男孩女孩是怎么区分的；会教孩子正确地清洗生殖器官，每天用清水清洗，勤换内裤，保持生殖器官的卫生和健康；提醒孩子身体不舒服要告诉爸爸妈妈；要悦纳自己，爱自己的身体，也要尊重他人。这对孩子一生的心理健康、自信培养都很重要。

答疑解惑

教师：下面是答疑解惑时间，如果有问题请提出来，大家一起讨论。（学员提问、讨论，教师小结）

结束语

教师：很高兴大家能积极参与讨论，下节课我们将一起学习如何给幼儿开展生命教育，希望大家积极参加。

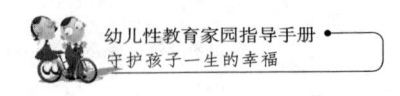

知识加油站

（一）儿童性教育的常见误区

1. 误区一：可以用"小鸡鸡""小妹妹"替代阴茎和阴道，因为孩子不懂科学名称

要以科学的态度来对待这个问题。生殖器官是由多个部位组成的，仅仅知道昵称是无法准确指代的，教给孩子科学名称，可以给后续的幼儿性教育带来很多好处。在告诉孩子生殖器官科学名称的同时，也可以告诉他们对应的昵称，就像小朋友的名字有大名和小名一样，生殖器官也有科学名称和昵称。其实，无论家长对生殖器官怎么称呼，对于孩子来说并无差别，都是新知识，并不觉得害羞，而感到纠结和尴尬的往往是家长或老师。只有当家长或老师能够大方自然地称呼生殖器官的科学名称时，其他的有关性教育的问题才能得到科学正确的解决。

2. 误区二：生殖器官的内容繁多，孩子不能记住

在日常生活中，很多时候可以对孩子进行性教育，例如，在玩游戏、洗澡、洗屁股、读绘本、看视频时，家长或老师可以像教孩子眼睛、鼻子等器官一样，不断重复讲授生殖器官的科学名称和功能，也可以利用编口诀的方式，循序渐进地帮助孩子记忆，孩子就能慢慢记住生殖器官的内容了。

（二）推荐阅读绘本

《我们的身体——帕斯卡尔·艾德兰》《丁丁豆豆趣味拼

图》《小鸡鸡的故事——山本直英》《呀！屁股》《乳房的故事》《我宝贵的身体》《可爱的身体》《我是女孩，我弟弟是男孩》等。

第二课

生命教育

教学目标

（1）知识：知道受精卵的形成、生命的孕育过程和出生方式，了解脐带的作用，认识家庭的类型及功能。

（2）技能：科学地向孩子讲述生命相关知识，掌握有效开展生命教育、感恩教育的方法，陪伴孩子感受家庭的爱与温暖。

（3）情感与价值观：重视对孩子生命孕育成长的启蒙教育，深刻领会珍惜生命、感恩父母等积极情感教育的重要性。

教学准备

教学课件（PPT）、大白纸、记号笔、性教育娃娃教具、生殖器官模型、不同颜色的磁吸（3~4个）。

教学过程

(一) 课程介绍

教师:大家好,我是××老师,今天我们一起来学习生命教育的相关知识。

(二) 主题导入

○ 引导提问

教师:孩子问过你与生命有关的问题吗?你是怎么回应的?(学员讨论)

教师:下面是孩子常问的与生命有关的问题,你觉得该怎么回答?(学员思考和讨论)

(1) 我从哪里来?
(2) 我是怎么到妈妈肚子里的?
(3) 我在妈妈肚子里长什么样?
(4) 妈妈是怎样生下我的?

○ 教学提示

一问一答,教师介绍了每个问题后,问:"如果遇到这些问题,我们应该怎么回应?"以引发学员思考和讨论。

○ 小结过渡

教师:对于生命的诞生,孩子们常常感到好奇,并提出疑

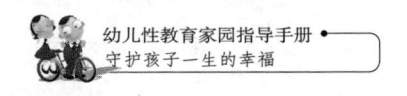

问。在认识身体的基础上，家长可以结合相关知识更加生动形象地向孩子讲解。生命教育是性教育中必不可少的一部分。

（三）知识点一：受精卵的形成

○ 引导提问

教师：大家知道受精卵形成的具体生理过程吗？（学员讨论）

教师：当孩子问"我是从哪儿来的"时，以前有些家长会回答"等你长大就知道了""你是爸爸妈妈从垃圾桶里捡到的""你就像孙悟空一样从石头缝里蹦出来的"等。现在，大多数家长都会坦然地告诉孩子"你是妈妈生出来的""你是医生从妈妈肚子里取出来的"。对于5岁及以上的孩子，家长可以给孩子讲一讲受精卵形成的具体过程。接下来我们就一起来学习相关知识。（教师根据现场情况，肯定学员正面积极的回应）

○ 知识点讲解

教师：家长可以告诉孩子，当爸爸妈妈相互喜欢，恋爱结婚生活在一起后，他们有很多表达爱的方式，如拥抱、亲吻等。爸爸身体里有精子，妈妈身体里有卵子，有时候爸爸妈妈会"做爱"，爸爸把阴茎放进妈妈的阴道里，精子就能通过阴茎进入妈妈的身体里，在妈妈身体里努力向前冲，去寻找妈妈的卵子，一般来说，最后只有一颗幸运的精子会和卵子结合，形成受精卵，这就是宝宝最初的样子。我们来看看这张图片，红色代表卵子，黑色代表精子（结合女性内生殖器图片，用不同颜色磁吸代替精子和卵子演示精卵结合过程），受精卵会沿着输卵管来到子宫，在这里着床、生长发育、慢慢长大。大约经过280天，小宝宝发育成熟后就从妈妈的肚子里生出来啦。注意："做爱"是成年人的私密活动，大人要注重隐私，避免让孩子看到；如果孩子看到电视里的这种场景，家长可以告诉孩子，这是成年人表达爱的方式，小孩子不能模仿。

我们学习这些知识后就可以回答孩子的一些问题了。

如果孩子问："我从哪里来？"应该这样回答：每个人的生命都是由爸爸的一个精子和妈妈的一个卵子结合成受精卵开始的，受精卵会在妈妈的子宫里慢慢地长大，发育成熟以后，小宝宝就会从妈妈的肚子里生出来啦。

如果孩子问："我们现在可不可以生小宝宝？"可以这样回答：不能，因为你们还小，身体还没有发育成熟，只有等成年了，和喜欢的人恋爱结婚生活在一起后，有能力照顾自己和家人时，才可以生小宝宝。

小结过渡

教师：作为家长，就算平日里孩子没有主动询问，也可以向孩子简要介绍受精卵的形成，这样有利于孩子理解生命的由来、感受父母家庭之爱、学习性的规则，给孩子传递什么时候才能生宝宝的正确认知，让孩子懂得不是随随便便就能生宝宝的。

（四）知识点二：宝宝的孕育

引导提问

教师：各位家长，你们的孩子在遇到孕妇的时候，是否会好奇地盯着孕妇？是否问过你："为什么那个阿姨的肚子这么大？"（学员回答）

教师：遇到这种情况时，我们应该为孩子解答疑惑，然后引导孩子理解孕育生命的不易。

○ 知识点讲解

1. 生命的孕育

教师：子宫是小宝宝在妈妈肚子里住的地方。小宝宝在妈妈肚子里的变化过程：第1~4周，精卵结合，形成受精卵，生命开始；第5周，胚胎长得像海马一样，只有芝麻粒般大小；第8周，长得像外星人一样，这个时候有樱桃般大小；第12周，胎儿约65毫米长，有大虾般大小；第19周，胎儿会很活跃，踹妈妈、伸懒腰、滚来滚去，妈妈能真真切切感受到肚子里的小家伙是有生命的；第28周，这个时候如果胎儿生下来，就可以存活了，在28周后至37周前出生的宝宝就叫早产儿；到了37~40周，胎儿大概有6斤重，50厘米长，随时都有可能从妈妈的肚子里生出来，这时出生的宝宝就叫足月儿。妈妈孕育宝宝的整个过程大约为40周、280天。

家长在跟孩子交流时，可以请妈妈现身说法，讲述自己的亲身经历，既要表达怀孕时候的辛苦，也要说明怀孕时的欣喜和期待。告诉孩子这个时候爸爸需要细心地照顾妈妈，也很辛苦，但是爸爸和妈妈一样都很期待宝宝的到来。还可以举一些身边人的例子，让孩子知道孕妇可能存在不同的孕期反应，比如有的妈妈在怀孕期间会出现恶心、呕吐、没有胃口等现象，甚至可能因为各种原因而流产，所以妈妈要非常小心地呵护宝宝。告诉孩子生命来之不易，要懂得感恩，同时也要爱护自己。

2. 脐带的作用

教师：我们还可以告诉孩子脐带的作用。脐带是连接胎儿和妈妈的纽带，宝宝在妈妈肚子里通过脐带来运输养分和排泄废物等。出生后，医生会在宝宝的肚脐根部剪断结扎脐带，脐带脱落就形成我们的肚脐眼。然后我们就可以用肺来呼吸，用嘴巴来吃东西，用胃来消化食物了。告诉孩子肚脐眼很薄弱，洗澡的时候可以看一看，注意清洗干净，但是千万不能用力去抠，因为这样很容易造成发炎。

3. 人类宝宝的诞生

教师：我们还应该给孩子介绍宝宝有两种出生方式，一种是顺产，另一种是剖宫产。顺产通常是胎儿头朝下，借助妈妈子宫收缩的力量，以及自己想要来到新世界的冲劲，在自己和妈妈的共同努力下，在医生的帮助下，经过妈妈的阴道从阴道口来到这个世界上。剖宫产就是由于妈妈和宝宝的特殊原因，宝宝不能通过顺产的方式诞生，医生采用手术来帮助妈妈生宝宝的一种方式。医生会在妈妈的腹部开一道口子，然后把胎儿从子宫里取出来，再把口子缝上，这就是剖宫产。在这个过程中，妈妈打了麻药不会有疼痛的感觉，但是等到麻药失去作用之后，就会很疼了。不管顺产还是剖宫产，妈妈都会消耗很多体力，流一些血，会感到疼痛，身体会变得虚弱，需要很长时间才能恢复，这些都是正常的，但也可能会有异常情况发生，如少数产妇可能出现大出血，如果不及时抢救，可能会死亡，或者有些宝宝会因为难产而窒息，出现意外，甚至死亡。

◦ **小结过渡**

教师：生命只有一次，从宝宝的孕育、分娩再到出生后的抚养，爸爸和妈妈要付出很多努力，小宝宝长大成人非常不容易。家长要告诉孩子珍惜自己的生命，爱护身体，保护好自己，并且感谢家人的养育与陪伴。

（五）知识点三：我们的家庭

◦ **引导提问**

教师：各位家长，你们知道家庭有哪些类型和功能吗？（学

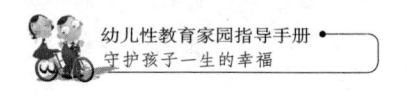

员讨论）

家庭是最小的社会生活单位，让孩子了解家庭的有关知识，有利于增进家庭关系，促进家庭和谐。

○ 知识点讲解

1. 家庭的定义

家庭是由婚姻、血缘或收养关系产生的，是由亲属构成的社会生活单位。

2. 家庭的类型

按家庭的结构和规模划分，有大家庭、小家庭、单亲家庭、重组家庭和其他家庭。

（1）大家庭：由已婚子女、他们的父母和孩子三代人组成的家庭。

（2）小家庭：由父母和未婚子女两代人组成的家庭。

（3）单亲家庭：一般指由离异、丧偶或未婚的单身父亲或母亲及其子女或领养子女组成的家庭。

（4）重组家庭：夫妇双方至少有一人已经历过一次婚姻，并可有一个或多个前次婚姻的子女及夫妇的共同子女。

（5）其他家庭：丁克家庭、留守家庭、空巢家庭等。

家长应告诉孩子，虽然小朋友的家庭有可能是不一样的，但每一种家庭都是平等的。我们要爱自己的家庭，爱家庭里的每一个人。对来自不同形式家庭的孩子我们都要尊重。

3. 家庭的功能

（1）生产和消费：每个家庭都应该有人去工作挣钱养家，这就是家庭的生产功能；挣到钱后才能养活自己和家人，为家人提供衣食住行，这就是家庭的消费功能。

（2）生育：大多数父母相爱结婚后，会生下宝宝，宝宝长大后，他们也会结婚生宝宝，这就是家庭的生育功能。

（3）抚养和教育：子女出生后，父母都要承担抚养和教育子女的责任，这就是家庭的抚养和教育功能。

（4）养老：子女长大后，父母都会变老，当他们不能赚钱，生活不能自理时，子女就应该照顾他们，让他们能幸福地度过老年生活，这就是家庭的养老功能。

（5）休息与娱乐：每个家庭都应该尽量给家人提供一个安静、舒适的家庭环境，当我们感觉到累的时候，就可以好好休息，休息好后才能更好地工作和学习，这就是家庭的休息功能。空闲的时候应该多陪伴家人，一起玩耍、放松休闲，这就是家庭的娱乐功能。

（6）情感交流：在生活中不论发生什么事情，都可以主动跟家人交流。分享开心的事情，家人也会很开心，如果是不开心的事情，可以和你一起想办法；平常要注意多表达自己的情感，多和家人交流，多表达自己对家人的爱，尽量让每个家庭成员都感受到温暖，这就是家庭的情感交流功能。

此外，每个家庭成员都是平等的，没有谁应该一直干家务，也没有谁应该一直享受别人的照顾，每个人都应该做一些力所能及的事情，家人之间要相互关心和照顾。

教师：爱的表达，大家做得怎样？在家庭生活中，我们可以怎样表达爱呢？（学员讨论）

表达爱的方式是多样的。告诉孩子，我们可以用语言表达爱，如经常说"我爱你""谢谢""辛苦了"等，还可以用行动表达爱，如亲亲、抱抱、为家人准备礼物等。

家人多表达爱，孩子会更健康、更有安全感。大家今后要注意多多表达爱，营造温馨的家庭氛围，形成优势家庭。优势家庭应具备以下6种要素（表2）：关爱与欣赏、承担家庭义务、积极沟通、共享美好时光、精神支柱、处理压力和危机的能力。在日常生活中，家长多多展现优势家庭的行为模式和价值观，对孩

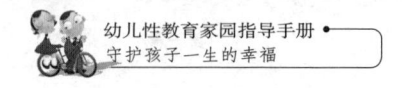

子的健康成长起着重要的引导作用。

表 2　优势家庭 6 要素

关爱与欣赏	承担家庭义务	积极沟通
・深深地爱着对方 ・友谊 ・尊重对方的爱好	・信任　・诚实 ・依靠　・忠诚	・分享感受，给予称赞 ・避免责备，能够妥协接受不同意见
共享美好时光	精神支柱	处理压力和危机的能力
・有限时间，无限美好 ・好事多磨 ・享受彼此为伴 ・简单的好时光 ・分享有趣时光	・希望　・信仰 ・幽默　・同情 ・拥有共同的价值观和认同感	・适应能力 ・视危难和挑战为机遇 ・在危机中共同成长 ・积极应对改变 ・快速恢复能力

（六）知识点四：如何给孩子开展生命教育

（1）家长利用绘本故事讲解受精卵的形成、生命的孕育、诞生的过程、脐带的作用。

（2）家长带孩子了解孕育过程、诞生过程、抚养过程的艰辛。

（3）家长正确回答孩子的问题。

（4）家长带孩子在生活中去感受家庭的功能，学会在家庭生活中互敬互爱，表达爱与感恩。

（5）家长以身作则，参与家务，多陪孩子玩游戏、讲故事等。

（七）课后小结

> 教师提问

教师：我们学习了生命教育，有人愿意分享一下这次课的心

得和感受吗？（学员分享）

○ 小　结

教师：感谢大家的分享，我们了解了受精卵的具体形成过程，如何向孩子讲述生命的孕育，引导孩子懂得感恩和珍爱生命；学习了家庭的定义、类型和功能，学会在介绍家庭的过程中引导孩子承担家庭责任，积极地向家人表达爱。生命教育是非常重要的一课，希望大家回家后可以跟孩子多多交流，让我们共同努力，引导孩子学会理解父母、珍爱生命、勇敢表达爱。

○ 答疑解惑

教师：下面是答疑解惑时间，如果有问题请提出来，大家一起讨论。（学员提问、讨论，教师小结）

○ 结束语

教师：很高兴大家能积极参与讨论，下节课我们将一起学习如何给幼儿开展性安全教育，希望大家积极参加。

知识加油站

（一）小朋友可能会问的问题

1. 我的身体里面有精子/卵子吗

小男孩身体里面没有精子，要长到十几岁青春期，睾丸里面才会产生精子，出现遗精。小女孩身体里面从小就有卵子，但是没有发育，要长到十几岁青春期，卵巢里面的卵子发育成熟后，才会排卵，才会有月经。

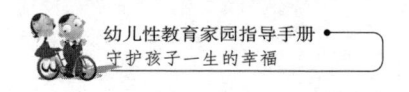

2. 我可以和谁谁谁（小朋友）结婚吗

你们还是小宝宝，身体还没有发育成熟，也没有工作，没有能力照顾自己和他/她，所以还不能结婚。另外，国家对结婚年龄是有法律规定的，不够年龄也不可以结婚。现在你们应该好好学习，好好吃饭，锻炼身体，等长大了有能力后，找到喜欢的人，如果他/她也愿意，就可以结婚。

3. 爸爸/妈妈，我可以和你结婚吗

不能，你是爸爸妈妈的宝贝，是爸爸妈妈爱情的结晶，爸爸和妈妈已经结婚了，所以就不能再和别人结婚了。等你长大了，会遇到自己喜欢的人，并跟他/她结婚。

（二）推荐阅读绘本

《从子宫到地球的距离》《小威向前冲》《宝宝从哪里来》《我从哪里来》《宝宝的诞生》《我的弟弟出生了》《爸妈怎么有了我？》《长大后我要娶妈妈》《萨琪想要个小宝宝》《我爱我家》《超级大家庭》《我也想有个小宝宝》《神奇的孕育》等。

第三课

性安全教育

教学目标

（1）知识：认识身体的隐私部位和安全警报，了解什么是性侵害，掌握自我保护的相关知识。

（2）技能：能够指导孩子判断是否触发了安全警报，正确应对不好的身体接触以及防范性侵害。

（3）情感与价值观：理解和尊重每个人都有身体权，引导孩子加强自我保护的意识，意识到被性侵是坏人的错，重视教育与引导孩子预防性侵害；愿意通过游戏、绘本、角色扮演等多种方式来实施性安全教育。

教学准备

教学课件（PPT）、大白纸、记号笔、性教育娃娃教具、生殖器官模型、安全警报动画视频。

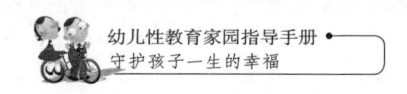

教学过程

（一）课程介绍

教师：大家好，我是××老师，前面我们提到过，性教育不等于防性侵教育，性安全教育一直是大多数家长/教师最关心的话题，今天我们就一起来学习相关知识。

（二）主题导入

○ 引导提问

教师：你有没有遇到过以下情景？如果遇到了，你会怎么做？（学员讨论）

（1）孩子当着班上异性同学的面换衣服。

（2）看到孩子摸自己的隐私部位。

（3）看到孩子摸别人的隐私部位。

（4）看到孩子与同伴一起玩脱裤子、结婚、过家家等可能会涉及隐私部位的游戏。

（5）看到电视剧、电影里面孩子在公交车上遇到"咸猪手"的情节。

（6）孩子在小区玩耍时，被陌生的大人摸了隐私部位。

○ 教学提示

以上这些都是本书在性安全教育版块教学中可能涉及的案例，教师可采用一问一答的形式开展教学，在介绍了每个问题后可以提问："如果遇到这些情景，我们应该怎么应对？"以引发学员思考和讨论。

○ 小结过渡

教师：孩子们对于隐私部位可能会感到好奇，会看或摸自己（也可能是别人）的隐私部位，或者在被别人要求玩性游戏和面对不好的身体接触时，缺乏自我保护意识，不知道如何拒绝，导致性侵害事件的发生。因此，性安全教育是性教育中不可或缺的一部分，防范性侵害应该从认识隐私部位开始。

（三）知识点一：隐私观念和性侵害

○ 引导提问

教师：你们知道什么是隐私部位吗？男孩和女孩的隐私部位都有哪些？（学员回答）

○ 知识点讲解

1. 男孩和女孩的隐私部位

背心和裤衩遮盖的地方就是隐私部位，是我们身体的秘密，是不能随便给人看、给人摸的部位！男孩的隐私部位包括阴部（外生殖器官）、臀部，女孩的隐私部位包括胸部（乳房）、阴部（外生殖器官）、臀部。

孩子在日常生活中要注意保护好自己的身体，特别是隐私部位，因为这些部位既脆弱又宝贵。家长要帮助孩子增强相关知识的认知，树立保护隐私部位的观念。

2. 常见问题解答

（1）自己可以摸自己的隐私部位吗？

我们自己可以摸自己的隐私部位，但是必须注意卫生、安全、隐私三原则。①卫生：要洗干净手再摸；②安全：不要在抚摸的过程中伤害自己的身体，例如用尖锐的东西戳隐私部位，或

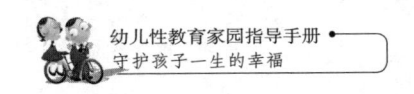

者把异物塞到生殖器官里面去；③隐私：隐私部位不能随便给别人看，也不能随便在别人面前摸，如果要看或者摸自己的隐私部位，应该选择私密的场所，例如，在自己的房间，或者在厕所里关好门，在这些别人看不到的地方摸，这是对自己、对他人的尊重。

（2）儿童自慰怎么办？

自慰作为性释放途径的一种，是指对自己的生殖器官进行性刺激以获得性唤起或其他性快感的刺激行为。一般来说，自慰是青春期的孩子和成年人才有的行为，它可以缓解性压力，释放性欲望。幼儿也可能有这种现象，幼儿期的自慰包括夹腿、玩弄生殖器官等，这些行为都是正常的！自慰本身没有害，只是"自慰有害"这个观念让很多自慰的人感到焦虑、不安和羞耻。家长发现后需要注意以下几点：①不要打断孩子的体验，让孩子顺利体验快感，结束自慰后再找机会沟通。②检查一下生殖器官有没有异常，如红肿、发炎等，必要时去寻求医生的帮助。③告诉孩子隐私部位的相关知识以及自慰的三原则。自慰要注意安全与卫生，不能用脏手，不能伤害自己的身体。要注意隐私，可以在自己的房间自慰，但是要回避他人。④给孩子穿宽松的衣服，每天清洗生殖器官，避免发生生殖器官炎症、皮肤瘙痒。⑤回避有性刺激的影视、场景。父母性生活要避开孩子。⑥给孩子更多的拥抱、肯定和高质量的陪伴，如和他/她一起做游戏、读绘本、去户外运动等，转移孩子的注意力。

3. 树立隐私观念

隐私观念是性安全教育的重要基础，对预防性侵害具有重要意义。家长需要树立隐私观念，不要随便将异性孩子带入大澡堂或卫生间等，以免给他人带来不适，发生不必要的纠纷，这也是对他人的尊重！要从小培养孩子的隐私观念和尊重他人的意识，保护个人性安全对孩子终身幸福很重要，家长不容忽视。

从小在给孩子洗澡、洗屁股时就要教孩子认识和保护自己的隐私部位。在上幼儿园之前，可以通过亲子共浴的方式，帮助孩子认识异性的生殖器官，但是要告诉孩子长大了要自己洗澡、洗屁股。外生殖器和屁股要每天用温水清洗，每天都要更换内裤。如果生殖器官感觉痒、痛或者不舒服，一定要告诉家长，必要时家长可以带去医院检查。隐私部位不可以随便给别人看或摸，也不能随便看或摸别人的隐私部位，即使是开玩笑也不可以。

4. 性侵害的定义和形式

教师：你们知道什么是性侵害吗？它有哪些形式？（学员讨论）

教师：性侵害是指加害者以威胁、权力、暴力、金钱或甜言蜜语等手段，引诱、胁迫他人与其发生性关系，或在性方面造成对受害人的伤害的行为。性侵害有身体接触性性侵害和非身体接触性性侵害两种形式。

（1）身体接触性性侵害：触摸或亲吻幼儿的隐私部位，让幼儿触摸加害者、别人、自己的隐私部位，与幼儿玩性游戏，把物品或手指、舌头、阴茎等异物放入幼儿的会阴、阴道、口腔、肛门里等。

（2）非身体接触性性侵害：向幼儿暴露生殖器，要求幼儿暴露生殖器，鼓动或强迫幼儿自慰，或观看别人自慰，鼓动幼儿做出性行为，引诱或强迫幼儿观看或制作色情图片、书刊或影像视频，引诱或强迫幼儿观看成人的性活动等。

5. 应对性侵害，首先要认识安全警报

家长教孩子应对性侵害，首先要让孩子认识安全警报。可以通过播放视频的方式，让孩子认识以下 5 种警报。

（1）看看警报：就是有人让你把隐私部位给他看，或者让你看他的或者别人的隐私部位，或者带有露出隐私部位的图片、影像视频。

（2）说说警报：就是有人说你的隐私部位，或者和你讨论隐私部位等与性相关的事。

（3）摸摸警报：就是有人摸你的隐私部位，或者让你摸他的或者别人的隐私部位。

（4）一个人警报：就是自己一个人和陌生人待在一起，或者被其他人单独带去房间等地方。

（5）搂抱和亲吻警报：就是别人不经你的同意就使劲搂抱你或者亲吻你，让你感觉到不舒服、奇怪、别扭、不安全。

家长应告诉孩子，如果发现了安全警报，就要亮起心中的红灯，避免发生危险的后果。还要注意网络色情对孩子的影响，预防隔空猥亵。

○ 教学提示

配合 PPT、安全警报动画视频进行讲解，帮助学员更好地建立隐私观念，学会如何预防儿童性侵害。

○ 小结过渡

家长和儿童都应该建立隐私观念，这对于保护个人性安全，以及对孩子终身幸福都很重要，家长不容忽视。

（四）知识点二：防范性侵害，家长该如何做

○ 引导提问

教师：保护隐私和防范性侵害，家长该如何做？（学员讨论）

○ 知识点讲解

1. 尊重身体权

（1）平常要注意给孩子传递"我的身体我做主"的观念。告

诉孩子：即使是熟悉信任的人的触碰与关注，如家人对孩子的拥抱、亲吻，好朋友之间拍背等，只要孩子感觉不舒服，不管有没有造成伤害，都可以明确拒绝，并告诉爸妈或者其他信任的大人；对不尊重孩子身体权的人要警惕并远离。教孩子如何正确应对不喜欢的身体触碰。给孩子列出信任名单，教会孩子在遇到困难时如何向他人求助（可以具体到不同的场景，例如，人多的环境怎么做，人少的环境怎么做）。

（2）要信任孩子，孩子不会编造性侵害的故事。了解情况时，不要过度紧张，以免误导孩子。进行性安全教育时，不要恐吓孩子，要让孩子在日常交往中能够区别他人的善意与恶意，拿不准时需要试探之后再确认，避免出现与他人一有身体触碰就大喊色狼。

2. 教给孩子8条身体安全法则

（1）上厕所、洗澡、穿衣服时，关上门！

（2）和朋友或大人一起玩的时候，要穿衣服！

（3）不允许别人给我的隐私部位拍照！

（4）不允许别人摸我的隐私部位！

（5）我也不能看/摸别人的隐私部位！

（6）如果有人要看/摸我的隐私部位，马上说不、离开，告诉爸爸妈妈或者其他信任的大人！

（7）如果有人破坏了这些规则，马上告诉爸爸妈妈或者其他信任的大人！

（8）不对家里人保守秘密！

3. 保护身体隐私和防范性侵害的方法

（1）尽早让孩子认识自己的身体。

我们应该尽早告诉孩子身体每个部位的科学名称，尤其是隐私部位，避免用"小鸡鸡""小妹妹"等委婉的叫法。孩子只有在认识了这些部位的科学名称，了解了它们的功能，知道怎么保

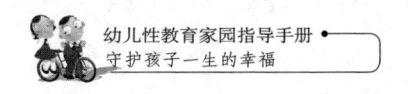

护自己的隐私部位后,才能分辨哪些行为是不对的,在遇到或发生性侵害后,才能准确地描述事情的经过。

(2) 教会孩子如何摆脱困境。

①告诉孩子,如果有让他/她感到不舒服的人或有人想要触碰他/她的隐私部位,可以找个借口离开。

②家长平时也可以借助媒体上与性侵有关的新闻,增强孩子对性侵害的戒备意识。告诉孩子新闻里发生了什么,并和孩子一起讨论:"如果遇到了这个情况,你应该怎么做?"

③对有表达能力和理解能力的孩子,家长可以和孩子协商一个暗语。当家里有客人或者在别人家里玩的时候,如果孩子感到不舒服,可以通过这个暗语告诉家长自己想离开。

(3) 不能和别人有身体触碰的秘密。

①告诉孩子,如果有人触摸了孩子的隐私部位并让孩子保守秘密,必须及时告诉父母或者老师。

②要让孩子知道,万一被坏人侵犯了,不是孩子的错,而是坏人的错,不必感到羞耻。如果坏人威胁、恐吓,并让孩子保守秘密,那意味着坏人在害怕,孩子可以骗坏人说不告诉别人。但是等到脱离危险后,一定要把事情的详细经过告诉家长。家长应该告诉孩子:"我们是你的爸爸妈妈,有责任保护你。不管是谁,只要对你做出了那些属于性侵害的行为,或者让你感觉不安全、不正确的举动,你都要尽快告诉我们,我们会帮助你、保护你。"

(4) 有些侵害触碰可能不疼。

①不能只告诉孩子们,有些身体触碰是"好"的,有些身体触碰是"坏"的,这会让孩子感到困惑,因为很多性侵害行为并不会让身体感到疼痛,而只是痒。

②我们更倾向使用"触碰隐私部位"来定义身体接触性性侵害。告诉孩子,只要是不必要却故意触碰隐私部位的行为,就是性侵害,无论它疼或不疼。

（5）熟人也有可能对他们产生伤害。

告诉孩子"不要和陌生人说话"是一个很容易实行的建议，但实际的情况却是，约有70%的性侵害并不是来自陌生人，而是来自熟人，甚至可能是孩子喜欢的人。所以提醒孩子，即使是熟人，一旦有这些侵犯行为，也要第一时间告诉父母。

（6）告诉孩子遇到危险时，可以用"四步法"保护自己。

第一步：识别。触碰是否涉及了隐私部位？是否触发了安全警报？是否让你感到了不舒服？

第二步：拒绝。大声地对对方说"不！""不可以！""不行！""不要碰我！"等。

第三步：离开。生命是最重要的，如果有逃脱的机会，赶紧往人多的地方跑！实在逃不掉，默默记住坏人的长相特征，悄悄留下求救的信号。

第四步：告知。遇到危险可以向周围的人求助，回家后第一时间把事情的经过告诉爸爸妈妈或者在信任名单里的人。告知的要点包括具体的时间、地点、当时在场的人，讲清楚发生了什么事（前因后果），你是怎么应对的。家长在必要的时候可以报警，以避免更多的孩子受到伤害！

（7）其他方法。

在日常生活中，家长可以通过洗澡、洗屁股、读绘本、看视频、角色扮演等多种方式让孩子认识隐私部位，学习怎样保护自己，提高自我保护能力。

4. 注意事项

家长要尊重孩子的身体权，不在孩子不愿意的情况下触碰孩子身体，帮助孩子建立身体权意识和自我保护能力。同时，要用心陪伴，尽量不让孩子玩手机，在孩子遇到传媒中的性信息时要积极引导，帮助孩子科学认识，避免孩子遭遇网络性侵害。

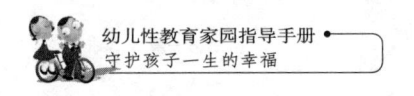

○ 小结过渡

每个人都有身体权，在日常生活中，我们要强化孩子的身体权和自我保护意识，教会孩子应用"四步法"防范性侵害。

（五）知识点三：万一遭遇性侵害，家长该如何做

○ 知识点讲解

1. 如何辨别孩子是否遭到性侵害？

遭受性侵害的孩子，在生理和行为方面可能会有以下表现。

（1）生理方面：生殖器官或肛门有受伤、疼痛、出血或感染症状，生殖器黏膜破裂或两腿内侧出现红肿、瘀伤等异常现象，行走或坐卧时感到不适。

（2）行为方面：对特定的人反应异常，不是过分亲昵，就是极度害怕、逃避。极力掩藏隐私部位或总想暴露隐私部位。同时可能出现异于平常的情绪反应，如恐惧、退缩、攻击等。

2. 发现这些信号后应该怎么做？

我们要态度平和地向孩子了解情况，大人的慌乱、愤怒会惊吓到孩子，导致有些孩子不敢说实话。

3. 如果孩子已经受到性侵害应该怎么做？

（1）让孩子远离侵害他的人，采取措施防范孩子再次受到伤害。

（2）要搞清楚情况，尽早进行评估和创伤处理，必要时就医和报警，注意保存好证据。

（3）消除孩子的恐惧心理，不要让孩子反复讲述被伤害的过程，避免二次伤害。

（4）告诉孩子：生命是第一位的！如果发生了不好的事情，这不是你的错，而是坏人的错；你还是你，爸爸妈妈、亲人朋友

们还是像原来一样爱你。要做好安慰工作，不要责怪孩子。

（5）更加关心孩子，接受孩子心理年龄的退行，重塑孩子的安全感。

（6）必要时与心理医生沟通（家长和孩子都可以寻求专业的心理咨询）。

教学提示

PPT 呈现全部内容，挑重点进行讲解。

小结过渡

在孩子的成长过程中，家长一定会遇到各种各样的性安全教育问题。家长应该尽早给孩子讲解隐私部位和性安全的相关知识，帮助孩子建立身体权和防性侵意识，更好地保护孩子，促进孩子的健康成长。

（六）案例讨论

案例一：发现 3 岁女儿和邻居 4 岁男孩藏在窗帘后脱下裤子互看生殖器官，你应该怎么办？（学员讨论）

1. 保持冷静

以平和的心态询问孩子在玩什么游戏，这样做的原因是什么。注意不要用过于责怪的语气或打骂孩子，或者当着别人的面批评孩子。

2. 让孩子穿好衣服

家长与孩子一起到一个安静的地方，认可他们对对方身体的好奇心，借助相关的绘本或者视频，让孩子了解自己和异性的身体，满足孩子的好奇心。

3. 与邻居沟通

告诉邻居，解释所看到的行为，分享自己的处理方式以及相关的书籍。

4. 双方尽量就孩子一起玩的规则达成一致

要求孩子玩耍的地点是公共场合，衣服要穿戴整齐，不能锁门。

案例二：5岁的女儿放学回家后说，有一个陌生叔叔给她钱，让她脱衣服，你应该怎么办？（学员讨论）

你可以询问她当时是怎么做的，有什么感受，关注孩子的情绪，肯定她做得好的地方。可以借助相关绘本，如《我来保护我自己》，以及性安全教育视频，和她一起学习隐私部位保护和防范性侵害的相关知识，教给孩子摆脱类似场景的方法，在孩子心中种下防范性侵害的种子。

（七）课后小结

教师提问

教师：今天我们学习了性安全教育，有人愿意分享一下这次课的心得和感受吗？（学员分享）

小 结

教师：感谢大家的分享。大家都知道对孩子开展防性侵教育非常重要，希望今后大家能够在生活中潜移默化地引导孩子，培养孩子的身体权意识，教孩子识别隐私部位及安全警报，识别好的和不好的身体触碰，知道身体安全法则，应用识别、拒绝、离开和告知"四步法"防范性侵害。希望通过这堂课的学习，我们能一起努力，让孩子学会保护自己，安全健康地成长。

答疑解惑

教师：下面是答疑解惑时间，如果有问题请提出来，大家一

起讨论。（学员提问、讨论，教师小结）

结束语

教师：感谢大家的积极参与和讨论。下节课我们将一起学习如何给幼儿开展性别教育，希望大家积极参加。

知识加油站

（一）小朋友可能会问的问题

1. 是不是谁都不能触摸我的隐私部位

有两种情况是可以触碰我们隐私部位的：①小时候，我们还不能照顾自己，需要大人的帮助才能洗澡、洗屁股、换尿布、换衣服等，其间可能会触碰到我们的隐私部位，不会给我们带来不舒服的感觉，这是可以的。但是，等宝宝长大了就要学会自己上厕所、洗澡、洗屁股、换衣服。②在我们受伤、生病时，家人或者医生给我们做检查，护士给我们打针、上药，也可能会触摸隐私部位，这也是可以的，但是一定要有家人陪在身边。

2. 哪些身体触碰是好的，哪些是不好的

好的身体触碰可以让我们感到安全、舒适、熟悉，例如，我们表现好时，爸爸妈妈摸我们的头、生病时医务人员给我们检查等；不好的身体触碰是会让我们感到紧张、不安、陌生的，比如同学扯我的头发，叔叔、阿姨或其他人一直摸我的脸等。

3. 哪些人是可以信任的人

我们在生活中会遇到很多人，绝大部分人是好人，但也有些是坏人，小朋友一定要注意保护自己。生活中可以信任的人首先是我们的爸爸妈妈、爷爷奶奶等家庭成员，其次是我们的老师，

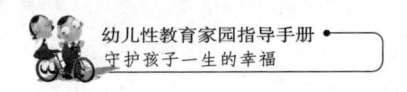

警察叔叔也是可以信任的人。但是要记住，不管是谁，凡是不必要却有意识地看/摸我们的隐私部位，就是坏人。

4. 医生给我打针或输液时让我不舒服是好的还是不好的身体触碰

这个问题要分情况。如果医务人员按照规范给我们打针或输液，有点不舒服是正常的；但如果医务人员打针或输液时动作很粗鲁，导致我们不舒服，这就是不好的身体触碰，此时我们可以告诉他/她说："叔叔/阿姨，你弄疼我了，可以轻一点吗？"小朋友要记住哦。

5. 有坏人欺负我的好朋友，我该怎么办

如果好朋友被坏人欺负，我们要在第一时间告诉老师、家长和警察，让他们去抓坏人。记住生命是第一位的，这不是你朋友的错而是坏人的错，我们要关心和安慰他，和以前一样与他做朋友。

（二）推荐阅读绘本

《我们的身体》《不许碰我》《我会说不》《不能摸的地方》《陌生人请走开系列》《不可以摸我的屁股》《请不要随便摸我》等。

第四课

性别教育

教学目标

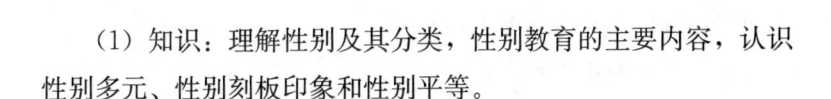

（1）知识：理解性别及其分类，性别教育的主要内容，认识性别多元、性别刻板印象和性别平等。

（2）技能：掌握性别教育常用方法，能够引导孩子悦纳自我性别、理解性别平等、尊重他人性别特质、包容性别多元，培养孩子的兼性气质。

（3）情感与价值观：接纳并尊重自己与他人的性别特质，尊重、接受、包容性别多元，尊重自己和他人的想法与选择（外貌、兴趣爱好、职业等）。

教学准备

教学课件（PPT）、大白纸、记号笔、婴儿图片2张（看不出性别）、性别教育卡片1套。

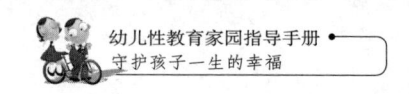

教学过程

（一）课程介绍

教师：大家好，我是××老师，今天我们一起来学习性别教育的相关知识。

（二）主题导入

○ 引导提问

教师：生活中你有没有说过或者听过下面这些话？（利用一些事例图片引出本次课的主题）

（1）男儿有泪不轻弹。
（2）女孩做的事情，男孩不用学。
（3）女孩不要疯疯癫癫。
（4）这个男孩怎么这么爱哭，像女孩一样。
（5）这姑娘的性格怎么像男孩一样。
（6）女孩理科不行，男孩文科不行。
（7）男孩就应该勇敢坚强，女孩就应该温柔。
（8）女孩不适合买枪、奥特曼之类的玩具，应该买洋娃娃之类的玩具。

教师：相信大多数人在生活中都听过类似的话，这些说法对不对呢？（学员回答）

○ 小结过渡

这些说法都是错误的。这些话里面包含着性别刻板印象、性别歧视等。本次课我们将一起了解什么是性别刻板印象，它有什么不好的影响等性别教育相关内容，学习如何开展性别教育。

（三）知识点一：认识性别

> 知识点讲解

教师：性别是一个囊括了生物、社会、心理等学科的综合概念。平常所说的性别分为男性和女性，这是生理性别。此外，性别还包括心理性别和社会性别。

1. 生理性别

生理性别就是生来就有的性别，是个体无法选择的，是由形成受精卵的性染色体决定的。生理性别具有恒常性，是无法改变的。除了男性（XY）和女性（XX）外，国外很多研究人员通过基因检测发现生理性别还有其他类型，如双性人，因此有些国家的身份证登记性别分为男性、女性、其他。注意：5岁就可以培养孩子性别是不能改变的意识！

2. 心理性别

心理性别是一个人心理上认为自己是什么性别，是一种主观感觉，能反映一个人内心对自己生理性别认同与否。对于绝大多数孩子来说，他们的生理性别和心理性别是一致的，即生理性别是男性的孩子，接受并认为自己是男孩；生理性别是女性的孩子，接受并认为自己是女孩。但也有那么一小部分孩子，他们的生理性别和心理性别是不一致的，这些人属于跨性别人群，他们中有的甚至会在长大成人后选择通过变性手术改变自己的生理性别，成为变性人。这样的人在人群中是有一定比例的。这些人对自己性别的认识非常困难，充满困惑与痛苦。社会上对性少数的偏见与不友好也让他们害怕受到伤害，大多数会选择压抑自己，不公开自己的心理性别。当然，不是所有生理性别和心理性别不

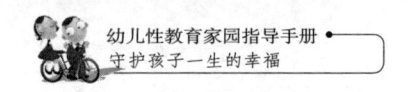

一致的人都会选择变性手术，但如果你的孩子真的遇到这种情况，需要找专业的医生辅助他进行全面分析，经过详细的诊断和咨询后再做决定，因为有些人做完变性手术之后又无法接受自己变性后的身体。

3. 社会性别

社会性别是指社会对男女特征、角色、活动、责任的期待和规范。社会性别特征在不同的社会、文化背景下会有差异，并且会随时间而改变。不同的年代、国家、地区、民族的社会性别表现可能不同。

教师：大家知道什么是男性气质和女性气质吗？（学员讨论）

教师：当前社会大多数人认为男性女性的特质就是男性气质和女性气质。一般认为，男性具备高大、勇敢、坚强、理智、强硬等特质，这些特质就是男性气质；女性具备温柔、细腻、感性、胆小、柔弱等特质，这些特质就是女性气质。

教师：大家知道什么是兼性气质吗？（学员讨论）

教师：兼性气质指兼具男性气质和女性气质。表现为：男人既坚强又温柔，既阳刚又有耐心；女人既温柔又勇敢，既善解人意、体贴他人，又有理想、有毅力、有追求。这是一种理想的性别气质。

社会性别的信息来源

（1）家庭：家庭对孩子性别的期望以及父母与亲人的养育方式。

（2）同伴：与同伴的交往。比如与之交往的同伴的性别，若男孩多一点，可能社会性别更偏男性一点，反之亦然。

（3）个人：社会性别可能与个人的生理和心理特征有关。比如大多数男孩都比较高大、留短发，有些女孩个子比较高，又喜欢留短发，所以给别人的感觉就像男孩；或者大多数女孩都比较秀气、文静，少数长相秀气又比较文静的男孩给别人的感觉就像女孩。

（4）社区：一是学校教育，如小学语文教材包含人物、拟人的课文；二是大众传媒。

生理性别、心理性别、社会性别三者一致则为顺性别，三者不一致则为跨性别。

○ 小结过渡

性别既有一定的生物学基础，也有复杂多样的心理学、社会学等人文社会科学基础，所以性别具有多元性。要尊重性别多元，认识性别是进行性别教育的前提。

（四）知识点二：性别教育

○ 引导提问

教师：你理解的性别教育是什么？（学员讨论）

○ 知识点讲解

1. 性别教育的定义

教师：大家听过《玫瑰少年》这首歌吗？有没有家长听说过这首歌背后的故事？（学员回答，播放歌曲/纪录片）

教师：这首歌曲灵感来源于一个因外表和行为女性化而受歧视致死的少年。这个少年名为叶永志，他出生于1985年，生前在中国台湾地区屏东县高树初中三年二班就读。他妈妈说，他从小就非常体贴妈妈，妈妈外出回来后，他就让妈妈休息，给妈妈做饭，给妈妈按摩。邻居说："你一个儿子胜过我三个儿子。"在叶永志读三年级时，老师向他妈妈反映他喜欢做女孩子做的事情，建议他妈妈带他去看看心理医生。妈妈带叶永志看过心理医生后，医生告诉她："你的儿子很正常，那些觉得他不正常的人才不正常。"但学校同学依然因为叶永志的不一样而孤立他。初中时,叶永志告诉妈妈他在学校上厕所经常会被人脱裤子,要检查有没有那玩意儿(阴茎)。他们喊他"娘娘腔"。他给妈妈写过一张纸条:"妈妈,你要救我,有人要打我。"妈妈很生气,跟学校领导反映,学校却并未处理,为解决矛盾,只是默许叶永志下课前5分钟去上厕所。2000年4月20日,叶永志在最爱的音乐课结束前5分钟去厕所,却再也没有回来。①

教师:为什么会发生这样的事情?(学员讨论)

教师:叶永志同学死于校园欺凌、性别暴力。学校负有主要责任。学生缺乏正确的性别教育知识是导致悲剧发生的根本原因。

如果你的孩子社会性别和生理性别不一致,作为家长,首先要接纳自己孩子的不同,尊重孩子的选择,并且教会孩子在外面遇到危险和伤害时如何正确保护自己,给予孩子需要的支持和帮助。让他感觉到,无论怎样,哪怕在外面遭受了再多的压力、委屈、歧视,你都是爱他的。父母最希望看到的就是孩子能幸福快乐,健康成长!

2. 性别教育的内容

(1)性别多元。

①生理性别:男性、女性、其他。

②性别认同:顺性别、跨性别、性别焦虑、变性人等。

③社会性别:性别角色(男性气质、女性气质、兼性气质)。

④性倾向:异性恋、同性恋、双性恋、无性恋。

(2)打破性别刻板印象,纠正传统性别错误观念,为新时代孩子全面发展提供肯定与支持。

---

① 15岁的玫瑰少年之死,和一位母亲的20年抗争[EB/OL].(2020-08-29) https://www.thepaper.cn/newsDetail_forward_8909384.

（3）什么是性别平等，如何制止性别暴力，促进性别平等，尊重性别多元。

（4）如何开展性别教育。

3. 性别教育的意义

教师：性别教育的意义是教育者根据男女生理与心理的差异，采取恰当的方法和措施使受教育者两性都获得充分、自由、平等、全面的发展。性别教育的实质不在于消除两性发展上的差异，而在于如何使受教育者两性都获得全面发展。在性别认同敏感期开展适宜的引导，帮助孩子认识性别、悦纳自己，促进孩子身心健康发展，使每一个孩子全面发展，勇于面对挑战，勇于突破传统观念，大胆发展自己独特的一面。

◦ 教学提示

《玫瑰少年》的故事可以直接播放纪录片，不用教师介绍。配合案例讲解，帮助大家一步步认识性别教育的必要性。

◦ 小结过渡

性别教育是指让孩子在童年时就能够正确认识不同性别的存在，悦纳自己，尊重他人。家长要明白，性别有男女之分，但性格优势没有男女之分，刻板地定义男孩该做什么、女孩该做什么，很可能会限制孩子的行为和天赋。性别教育的重点之一就是打破性别刻板印象。

（五）知识点三：性别刻板印象

◦ 引导提问

教师：请问你认为哪些现象属于性别刻板印象？（学员讨论）

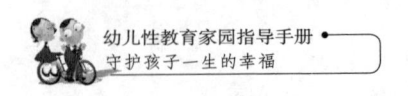

知识点讲解

1. 性别刻板印象的定义

性别刻板印象是指人们对不同性别人群的假想特征所抱有的信念，主要体现在外貌与穿着、性格与行为、家庭和职业选择等方面。

2. 表现形式

（1）外貌与穿着方面：男性应留寸头，不能穿裙子、戴首饰、化妆，应高大、强壮等；女性要留长发、穿裙子、化妆，应瘦弱等。

（2）性格与行为方面：男性天性比较调皮、爱动、粗心，应该积极、主动、坚强、勇敢，具有攻击性、强硬等；女性比较被动，应该文静、温柔、矜持、顺从、情绪化、敏感等。

（3）家庭方面：女性要照顾孩子、做家务等，男性主要负责赚钱养家。

（4）职业选择方面：女性文科好，更适合当老师、护士、秘书；男性理科好，更适合工程、数学、物理这些领域的职业。

3. 性别刻板印象的影响

孩子在两岁半时，即可形成性别刻板印象。性别刻板印象可能会限制儿童的思维方式和行为模式，并且随着年龄增长日益明显，表现出限制男孩、女孩的兴趣爱好、职业、个性、着装、情绪表达、人际交往等许多方面的发展。社会性别刻板印象会导致一些不符合这一模式的男孩和女孩受到歧视与偏见，不受老师和同学的喜爱，被取"娘娘腔""男人婆"之类的外号，遭遇校园暴力。

4. 关于性别刻板印象的研究结果

试验：对婴儿的评价。（组织学员现场开展）

试验设计：将一群人分为两组，让两组人对同一张婴儿的照片进行评价，但是唯一不同的是：第一组的人被告知婴儿为男孩，另一组的人被告知婴儿为女孩。

原试验结果：第一组对婴儿的评价，很开朗、很活泼、很爱笑、很大胆、很好奇。第二组对婴儿的评价，很温柔、很细心、很害羞、很胆小。

研究表明，男女在学习空间能力、语言能力上并无差别。男孩和女孩都有照顾孩子的本能。虽然男女有先天的差异，但更多的差异是由社会环境因素造成的。

5. 打破性别刻板印象，培养兼性气质

研究表明，兼性气质的个体具有较高的自尊、较少的心理疾病、较好的社会适应能力，在竞争激烈的现代社会中，兼性气质的人更易占据优势地位，比其他类型的人更受欢迎。好的性别教育应该打破刻板印象，每个人都不应该受其生理性别的束缚，而应该得到全面自由的发展，让每个人都成为完整的人。

教师：那我们应该如何打破刻板印象，培养孩子的兼性气质呢？（学员讨论）

教师：首先了解性别刻板印象对孩子的影响，树立性别平等的意识，要鼓励孩子适当表达自己的情绪和感受，不受性别的限制，并给予尊重；鼓励孩子说出自己对性别观念的理解，同时鼓励孩子说出性别不平等带来的种种困难。洋娃娃、玩具枪，在经济条件允许的情况下让孩子自由选择，不要刻意地让男孩去抱布娃娃、玩烹饪玩具，让女孩去舞刀弄枪，更不要在男孩想玩烹饪玩具、女孩想玩枪的时候去阻止他们/她们。改变性别刻板印象，摆脱过度差别教育，不论是男孩还是女孩，都应鼓励其在发挥自己性别优势的基础上，注意广泛交往，向异性学习，通过自然的接触学习对方身上的性格优点；克服其性格上的弱项，把男孩培养成懂事、体贴、温柔、有担当的"暖男"，把女孩培养成坚强、勇敢、独立、自主的人，促进身心的全面发展和人格完善；要给

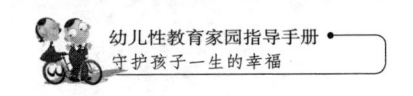

孩子提供各种机会、时间和空间,让其自己去探索,发现自己的兴趣和爱好,有机会把自己的爱好发扬光大,实现自己的理想。

教学提示

配合 PPT,开展现场试验,帮助学员充分认识社会性别刻板印象。

小结过渡

教师:男孩应该是什么样子?女孩应该是什么样子?此问题不应该有标准答案。女孩不必非得是温柔而美丽的鲜花,男孩也不一定都是勇敢坚强的硬汉,温柔和勇敢从来不是对立关系,而是可以共存的。性别教育要打破性别刻板印象和性别歧视,培养兼性气质和性别平等意识,让每个孩子都可以全面发展,实现自己的理想。

(六)知识点四:性别平等

引导提问

教师:

(1)请问你理解的性别平等是怎么样的?(学员讨论)

(2)有人建议应该给妈妈休产假一年,也有人建议给爸爸放一个月的陪产假,并且应该强制执行,让爸爸照顾产妇和新生儿。从性别平等的角度,你怎么看这些建议?(学员讨论)

(3)大家知道王亚平吗?她是神舟十号和神舟十三号的宇航员,如果你的妻子也很优秀,在工作中得到了提升,但是要经常加班或出差,作为丈夫你该怎么办?(学员讨论)

教师:女职工因为怀孕导致的产检、安胎等原因离岗,以及生育后长达半年多的产假,使得很多企事业单位在招聘员工时普遍倾向于录用男性，影响女性的职业发展，这就是社会性别不平等的一种表现。

每个人都有平等的权利去追求自己的事业，谁主外谁主内是每个家庭自己的选择，不一定非得是女性成就男性，也可以是男性辅佐女性，最好是相互成就，实现理想与性别无关。

○ 知识点讲解

1. 性别平等的定义

性别平等是指每个人不论性别，都应该享有同等的条件和机会，获得其所有权利，能够平等地参与政治、经济、文化和社会发展活动并从中受益。

性别平等不是指不同性别趋于相同，而是意味着男性、女性和非男女二元性别人群在人格、尊严和价值上的平等，在各方面都有平等的权利、机会和责任；意味着不论性别，所有人都能自由发展个人的才能，自由做出个人的选择，而不受刻板印象、固化的性别规范和偏见的限制；意味着不同性别人群的行为、倾向和需求都能得到同等的考虑、重视和支持；意味着不同性别人群都有相同的机会获取和支配社会、经济和政治资源。

我们从社会性别的角度追求平等，不是从男人手中夺回女人的权利，或者把男人视为女人的敌人，而是发现不同性别的人在传统社会性别刻板印象的影响下都受到了压抑，都需要解放；平等不等于平均，要尊重性别之间客观存在的差异，赋予每个性别以平等的价值评判和对待，在此基础上寻求一种可包容和尊重性别差异的平等。

2. 性别平等教育的方法

教师：我们应该怎么进行性别平等教育？（学员讨论）

（1）正确认识男女之间的差异：我们首先要承认男女之间存在生理差异，引导孩子观察两性先天身体上的异同，尊重自己与别人的身体权及隐私。如果不能坦然地承认这一点，就是从心理上否定性别平等。但承认男女之间的差异不等于承认男性处于优势，我们应该在接受男女生理差异客观存在的基础上，强调性别平等。

（2）要有性别平等的观念：在教育孩子的过程中、在资源的分配上均应有性别平等的观念。避免在与孩子交流过程中出现性别偏见的语言，如"女孩书读得好不如嫁得好""女孩应该读文科，男孩应该读理科"等类似语言。

（3）父母应该起到性别平等的榜样作用：家庭事务应彼此商量，责任共担，彼此协作。互相关爱，互相理解、欣赏、尊重，给予对方关心和爱护，不要将男性限定为不善表达感情，也不要认为女性就是天生的照顾者。要强调男性应该主动参与传统女性承担的家务劳动、陪伴和教育孩子等事务，多体谅妈妈，争取做一个"暖男"，这样会使家庭更加幸福美满。

（4）主动和孩子讨论性别议题：让孩子了解并包容差异性，尊重多元，建立性别平等的观念。可以告诉孩子，大人面对不擅长的东西的时候也会害怕，难过的时候也希望可以倾诉或者痛快地哭一场；在追求梦想的时候也遇到过困难和挫折，需要勇敢、坚持。男孩可以喜欢粉色、可以温柔、可以哭、可以读文科等，女孩也可以喜欢蓝色、留短发、不穿裙子、勇敢、读理科等。每个人都可以表达自己的喜好，追寻自己的理想，成为一个身心健康、自由发展的人。

（5）拒绝性别歧视的笑话：要勇敢地对来自同学、朋友或家人性别歧视的笑话说"不"。如经常有贬低"女司机"的言论或通过一些陈述或故事来贬低女性，暗示女性不如男性聪明、优秀、有价值来让人们发笑，或者嘲笑男孩像女孩一样爱哭、软弱、喜欢玩布娃娃，这些都是性别歧视。如果有人在孩子面前这样说，我们应该表示反对，并说出理由，传递性别平等的观念。

(6) 拒绝任何形式的性别暴力：无论什么形式的性别暴力，对孩子的伤害都是巨大的，我们要对暴力零容忍，拒绝任何形式的性别暴力。研究表明，遭受家庭暴力多的孩子，更有可能在学校充当欺凌者，在社会上犯罪的概率也更高，也有可能因为自卑成为被欺凌者。长期遭受校园暴力的孩子可能会出现心理疾病，甚至造成严重后果。我们应该教会孩子如何正确识别暴力和欺凌并保护自己，勇敢地说"不"，要告诉他们不能做旁观者，更不能成为欺凌者。

○ 教学提示

配合案例讲解，帮助大家一步步树立性别平等的观念。在讲述时要注意把握合适的度，避免引发现在热议的性别对立问题。

（七）课后小结

○ 教师提问

教师：今天我们学习了性别教育，有人愿意分享一下这次课的心得和感受吗？（学员分享）

○ 小　结

教师：感谢大家的分享。在本次课中，我们学习了性别多元、性别刻板印象和性别平等等性别教育的相关内容。希望今后我们能够打破性别刻板印象，积极主动开展性别教育，尊重孩子在外貌、兴趣、爱好和职业等方面的选择，引导孩子悦纳自己、理解性别平等、尊重他人性别特质、包容性别多元，培养孩子的兼性气质。做孩子性别教育的引路人，努力让孩子得到全面发展。最后，送给大家一句话："愿我们都敢于不一样，也勇于接受他人的不一样。"

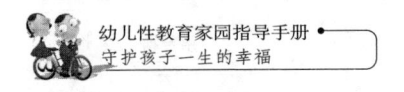

○ 答疑解惑

教师：下面是答疑解惑时间，如果有问题请提出来，大家一起讨论。（学员提问、讨论，教师小结）

○ 结束语

很高兴大家能积极参与讨论，以上就是我们幼儿性教育家长课堂的全部内容，感谢大家的积极参加与配合。

知识加油站

（一）小朋友可能会问的问题或出现的行为

1. 为什么我是男孩/为什么我是女孩

一个人是男孩，是因为他体内有 X 和 Y 染色体；一个人是女孩，是因为她体内有两个 X 染色体，其中一个染色体来自爸爸的精子，另一个来自妈妈的卵子。如果受精卵中的一条染色体是来自爸爸精子的 Y 染色体，那生下来的宝宝就是男孩，如果是 X 染色体，那生下来的宝宝就是女孩，所以宝宝的性别是由爸爸的精子决定的。

2. 儿子问：爸爸妈妈，我想穿裙子去上学，可以吗

我们可以先问一下孩子为什么想穿裙子，了解其想法和需求，告诉孩子可以穿裙子去学校，但要有勇气面对可能带来的后果，跟孩子讨论穿裙子去上学可能会遇到哪些不好的情况，他是否能积极地面对别人的不理解，比如小朋友接受不了，从而笑话你，不和你玩，甚至欺负你等，学校老师可能觉得你故意捣乱，不喜欢你，甚至批评你。讨论后尊重孩子最后的决定。告诉孩子，爸爸妈妈可以尊重你的选择，但是别人并不一定尊重你这么做。无论在外面遭受了再多的压力、委屈、歧视等，都可以告诉爸爸妈妈。

3. 发现 8 岁的儿子偷偷穿妈妈的长筒丝袜睡觉，该怎么办

作为家长，我们不能大惊小怪，直接指责孩子，毕竟孩子只有 8 岁，可以先问一下孩子穿丝袜睡觉的原因，了解其真实想法。如果是出于好奇，可以带孩子一起了解丝袜，知道这是大多数人眼中女性的衣物；如果孩子是寻求一种安全感，说明孩子缺少妈妈的陪伴，妈妈就要多花时间陪伴孩子，引导 8 岁孩子去关注适合本年龄段的活动和喜好。要提醒孩子，不能随便拿别人的物品。家长要注意，8 岁男孩穿丝袜，不一定是易装者，也不一定是性少数者。如果担心孩子有心理问题，建议寻求专业心理咨询、性教育咨询的帮助。

（二）推荐阅读绘本

《我们的伙伴》《我们的性别》《女生也爱踢足球》《纸袋公主》《威廉的洋娃娃》《朱家故事》《公主不都一个样》《我长大以后》《忙忙碌碌镇》《小乌龟谈理想》《你好，安东医生》《我可能会成为一个画家》《莉娜是个小老师》等。

幼儿性教育家园指导手册
守护孩子一生的幸福

第二篇

幼儿课堂

第一课

我们的身体

教学目标

（1）知识：认识我们的身体部位和器官，知道男生女生的主要内外生殖器官，知道男生女生主要是通过生殖器官来区分的。

（2）技能：说出男生女生主要生殖器官的科学名称和基本功能。

（3）情感与价值观：树立性别意识，认识到生殖器官和其他器官同样重要，要爱护自己的身体。

教学准备

教学课件（PPT）、性教育娃娃教具1对（男："威威"；女："佳佳"）、生殖器官模型1套（也可用PPT图片展示）。

教学过程

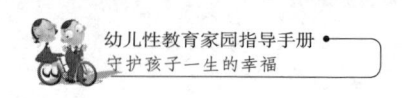

（一）课程介绍

教师：大家好，我是××老师，今天我要和大家一起来认识我们的身体。老师先讲一下我们的课堂约定。第一，在课堂上，老师说"123"时，请小朋友们一起说"坐坐好"，并且坐正身体、保持安静。下面我们练习一下："123，坐坐好。"（说两遍口令，方便学生记住）第二，如果老师提问，请先举手，老师邀请你再回答。看看谁是既听话又懂礼貌的乖孩子，对遵守约定并答对了的小朋友，老师有奖励哦！（教师和学生打招呼后，说明课程主题，然后做好课堂约定，方便课堂管理）

（二）主题导入

◦ 引导提问

教师：嗨！小朋友们好！今天老师给大家带来了两个新朋友，一起来认识一下吧。这是"佳佳"，这是"威威"！小朋友们跟他们打个招呼吧！今天老师带他们来，和我们一起玩游戏，请大家看看"佳佳"和"威威"，想一想我们的身体都有哪些部位呀？它们的名字叫什么？都是用来干什么的呢？（出示娃娃教具"佳佳""威威"）

教师：接下来大家跟老师一起来认识一下我们的身体吧。

教学提示

利用性教育娃娃教具吸引学生的注意力，引起学生的学习兴趣，引导学生进入今天的学习主题。

（三）知识点一：身体部位和器官

引导提问

教师：我们身体有哪些部位呢？（出示娃娃教具"佳佳""威威"，学生回答）

知识点讲解

教师：好，大家跟老师一起来看一下。这里是什么？（依次指"佳佳""威威"的身体部位提问，学生回答）

教师：我们的身体有头部、胸部、腹部、臀部、四肢，其中四肢分为上肢和下肢，上肢有胳膊和手，下肢有腿和脚。大家想一想手和脚都可以用来干什么呢？（学生回答）

教师：我们可以用手吃饭、玩玩具、拥抱爸爸妈妈，除了这些还可以穿衣服、扫地、洗我们自己的小内裤和小袜子哟（引导学生在家做一些力所能及的事情），但是不能随便打人。脚可以用来走路和跑步，但是不能随便踢人！

看看这张图片，这是我们身体的哪个部位呢？（出示身体器官的图片）这是头部，里面装着大脑，是我们身体的指挥中心，我们运动的时候要保护好头部，因为头部有很多重要的器官，比如眼睛、鼻子、耳朵、嘴巴。

大家想一想嘴巴有什么用？（学生回答）

教师：嘴巴可以用来吃东西，还可以说话，饿了、冷了、喜欢什么、讨厌什么、爱爸爸妈妈都可以用嘴巴表达出来（引导学

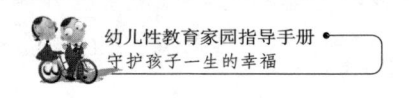

生学会表达自己的想法），但是不能随便骂人！

我们接着往下看，胸部和腹部里面都有些什么器官？这是肺，它是我们呼吸空气的器官，人不能呼吸就死了；这是心脏，在两肺中间，跟我们的拳头一般大，负责给全身输送血液，如果心脏不跳了，所有器官就会因为缺血而坏死，人也就死了；下面这个是胃，我们吃的东西都装在这里，吃少了会饿，吃多了、吃了不干净的东西可能会痛、会生病，所以小朋友们要好好吃饭；再下面这里是膀胱，是储存尿液的地方，如果你想上厕所，就要马上去，上课的时候跟老师说一下就可以。

课堂小游戏

教师：通过刚才的学习，小朋友们都知道身体有哪些部位了。下面我们请几位小朋友来玩一下"我说你指"的小游戏。大家先用手指着自己的鼻子，然后老师说什么，你就指什么，老师说得快，你就指得快，说得慢，你就指得慢。下面请2~3个小朋友到前面玩游戏，其他的小朋友也可以一起做。（教师和助教先示范，然后开始玩游戏）

教师：谢谢小朋友们的参与。下面老师要考考大家，你刚出生的时候，爸爸妈妈是怎么知道你是男生还是女生的？（学生回答）

教师：这是阴部，在两腿和小腹这个三角区域这里，在我们出生的时候，医生通过观察小宝宝阴部的生殖器官来分辨我们是男生还是女生，然后告诉爸爸妈妈。

教学提示

引导提问采用一问一答的方式进行，可以先提出问题，抽学生回答，教师小结后再提出下一个问题，衔接到下一个知识点。这个部分的知识点较多且琐碎，需及时总结及重复每个知识点。

○ 小结过渡

小朋友们，你们知道生殖器官吗？让我们一起来学习相关的知识吧！

（四）知识点二：认识生殖器官

○ 引导提问

教师：生殖是什么意思？生殖器官有什么功能？（学生回答）

教师：生殖的生指出生、生命，殖是繁殖。生殖器官是我们长大结婚后负责生育宝宝的身体器官。下面我们一起来仔细观察一下这两个"娃娃"的阴部，想一想男生和女生的生殖器官有什么不一样？（教师出示脱掉衣服的"佳佳""威威"，学生回答）

○ 知识点讲解

教师：谢谢小朋友们的回答。我们的生殖器官有外生殖器官和内生殖器官。长在身体外面洗澡时能看见、能摸到的就是外生殖器官；长在身体里面，看不见、摸不到的就是内生殖器官。男生女生的生殖器官长得不一样。（教师出示生殖器官的模型）

教师：大家先来看这个，这是女生的外生殖器官模型。它长得像什么？（学生回答）老师觉得像一朵花，外面这个大一点的花瓣叫大阴唇，小一点的花瓣叫小阴唇。看看花瓣里面，前面这个小球叫阴蒂，中间的小洞叫尿道口，是女生尿尿的地方，下面这个大一点的洞洞叫阴道口，它是大多数小宝宝从妈妈肚子里出来的地方。阴唇的作用是保护女生的尿道和阴道。（教师出示女生外生殖器官模型，教师对每个部位提问，学生回答并巩固知识）

教师：我们再来看看男生的外生殖器官模型。这个像柱子一样的是阴茎，也就是平常我们说的"小鸡鸡"，在它的头上面有一个洞洞，叫尿道口，是男生尿尿的地方，阴茎头体连接这里有一层皮叫作包皮，下面这两个小球状的部位叫阴囊。（教师出示男生外生殖器官模型，教师对每个部位提问，学生回答并巩固知识）

教师：小朋友们看这个娃娃的屁股，这里有个洞洞，叫作肛门，男生女生都有，这是我们拉臭臭的地方。（出示性教育娃娃教具）

教师：刚才我们学习的是外生殖器官，下面来看看这张图，这是女生的内生殖器官图，内生殖器官是长在身体里面的。这个是阴道，它是小宝宝出生的通道，然后向上就是子宫，是小宝宝出生前住的地方，以后要是有人问你们小宝宝是从哪里来的，我们就要回答小宝宝是从妈妈的子宫里来的。子宫两侧是输卵管，输卵管伞下面椭圆形的器官就是卵巢，是产生卵子的地方。（教师出示女生内生殖器官图片，并对每个部位提问，学生回答并巩固知识）

教师：这个图是男生的内生殖器官图，我们刚才讲了阴囊，它的里面装着睾丸，是长大以后产生精子的地方。这个是阴茎，它里面这根管道叫尿道，这个是尿道口，是男生尿尿的地方，也是精子出来的通道。（教师出示男生内生殖器官图片，并对每个部位提问，学生回答并巩固知识）

教师：小朋友们，现在大家知道男生和女生哪里不一样了吗？（学生回答）

教师：我们是通过生殖器官来区分男生和女生的，现在你们知道自己为什么是男生或女生了吗？（学生回答）在生活中，你们如果对男生女生的身体有什么疑问，就可以向爸爸妈妈或老师提问，他们会主动帮助你们。

老师要提醒大家，生殖器官是我们的隐私部位，不能随便给别人看或者摸哦。

○ 教学提示

该部分知识点较多且重要,教师需要结合性教育娃娃教具、生殖器官模型、图片等进行讲解,讲解完成后可以适当提问巩固或总结,便于学生更好地理解与记忆。例如,女生尿尿的口叫什么?宝宝出生的通道口叫什么?学生回答后,教师再补充。

○ 小结过渡

刚才我们一起学习了男生女生的生殖器官,它们都有自己的科学名称和功能。生殖器官和我们的鼻子、眼睛、嘴巴一样,都是正常身体的一部分,每个器官都很重要,我们一定要学会照顾和保护好它们。小朋友们要记住哟。

(五)知识大闯关

教师:老师今天讲的知识,小朋友们都已经学会吧。下面我们一起来玩个游戏吧,这个游戏叫作知识大闯关,如果你认为对,就双手向上举在头顶;如果你认为不对,就双手交叉举在胸前。(教师做出相应手势,先和学生练习一遍,然后教师再开始,避免混乱)现在我们开始吧。

第一关:男生和女生的身体器官大部分是一样的。(√)

第二关:刚生下来的宝宝是根据头发来判断是男生还是女生的。(×)

第三关:阴茎和睾丸是女生的生殖器官。(×)

第四关:阴唇和阴道是男生的生殖器官。(×)

第五关:阴道是小宝宝出生的通道。(√)

第六关:产生精子的地方是睾丸。(√)

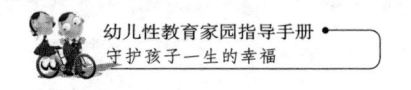

教学提示

每个题目涵盖一个重要知识点，对学生回答错误的问题补充正确答案，巩固相关知识点。

（六）课堂小结

教师提问

教师：有小朋友愿意分享一下这节课老师都讲了哪些内容吗？（学生分享）

小　结

今天我们一起认识了我们的身体，特别是认识了男生女生的生殖器官，它们是长大后用来生育宝宝的。生殖器官很重要，我们要照顾和保护好它们。

课后作业

大家可以回去和家长一起玩"我说你指"的游戏，画一幅你喜欢的身体器官图，说出它们的名称和功能，分享一下你们今天学到了什么。

结束语

教师：身体是我们的好朋友，生殖器官和其他器官一样重要。那小朋友们知道怎么保护和清洗生殖器官吗？下节课我们将学习性卫生习惯。今天的课就上到这里，小朋友们，再见。

第二课

性卫生习惯

教学目标

（1）知识：知道哪些是好的性卫生习惯，如何保护和清洗生殖器官。

（2）技能：学会保护自己的生殖器官，能够正确地清洗生殖器官。

（3）情感与价值观：让孩子知道当生殖器官出现异常时要告诉家长，形成对自身隐私部位的保护意识，树立每天清洗生殖器官的意识。

教学准备

教学课件（PPT）、性教育娃娃教具1对、生殖器官模型1对、小盆子、毛巾。

教学过程

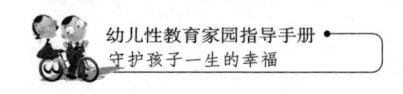

（一）课程介绍

教师：大家好，我是××老师，今天我要和大家一起来学习性卫生习惯。小朋友们还记得我们的课堂约定吗？123，坐坐好（练习一遍）。如果老师提问，小朋友要先举手，老师邀请了你再回答。对遵守约定并答对了的小朋友，老师有奖励哦！（教师和学生打招呼后，说明课程主题，然后复习课堂约定，方便课堂管理）

（二）主题导入

引导提问

教师：小朋友们，还认识这两个朋友吗？跟他们打个招呼吧！（教师出示"佳佳""威威"）

教师：他们谁是男生，谁是女生？身体哪里长得不一样？谁能来讲给我们听听呢？（教师将娃娃教具递给学生，用娃娃教具讲不同，并提醒学生可以指给大家看，请学生回答）

知识点回顾

教师：老师想看看其他小朋友们还记得吗，下面我问你们几个简单的问题，小朋友们一起回答哦。（教师用教具指相应部位引导学生回答）

教师：这是男生还是女生的外生殖器官？（教师出示女生的

生殖器官模型。学生回答：女生）

教师：女生的外生殖器官有哪些？（学生回答：阴道口、大阴唇、小阴唇等）

教师：女生的内生殖器官有哪些？（学生回答：卵巢、子宫等）

教师：卵巢里面有什么？（学生回答：卵子）

教师：子宫的作用是什么？（学生回答：子宫是小宝宝出生前住的地方）

教师：男生的外生殖器官有哪些？（教师出示男生的生殖器官模型。学生回答：阴茎、阴囊等）

教师：男生的内生殖器官有哪些？（学生回答：睾丸、尿道等）

教师：睾丸可以产生什么？（学生回答：精子）

○ 教学提示

引导提问配合教具和图片，请学生回答，帮助学生复习。容易理解和记忆的知识点只需简单复习。

○ 小结过渡

小朋友们回答得都很棒，生殖器官和鼻子、眼睛一样，是我们身体的重要部分。那你们知道在生活中该如何做好它们的清洁卫生吗？下面让我们一起来学习今天的主要内容吧！

（三）知识点一：性卫生习惯

○ 引导提问

教师：小朋友们，你们知道好的卫生习惯有哪些吗？（学生回答）

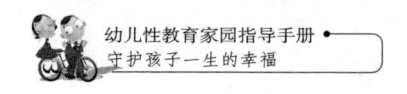

教师：我们该怎么做好生殖器官的卫生与保护呢？（学生回答）

知识点讲解

教师：好的卫生习惯有每天要刷牙、漱口、洗脸，经常洗澡，饭前便后要洗手。我们还要每天清洗生殖器官、勤换洗内裤、穿宽松的裤子，避免穿紧身裤；玩耍的时候，要注意保护生殖器官；我们的生殖器官也可能会生病，如果发现生殖器官有红、肿、热、痛、痒等现象，一定要及时告诉家长或者老师。

教师：注意每个人的阴部以及女生的胸部都属于隐私部位，一般除了洗澡、家人或医生检查有没有问题时，都要穿上内衣裤保护起来，不能把生殖器官随便给别人看或者摸，在上厕所、洗澡、换衣服的时候要关上门，我们要注意保护自己的隐私。小便后，要擦干净阴部，避免打湿内裤。为了保持阴部干净，我们大便后擦屁股要从前往后擦，大小便后要记得洗手。

教师：老师想问问大家，我们可以看或者摸自己的生殖器官吗？（学生回答）

教师：可以，但是要注意三点。第一，要注意卫生，如果要用手触摸自己的生殖器官，需要洗干净手、剪短指甲、清除指甲缝里的脏东西；第二，要注意安全，我们不能用尖锐的物品去碰或者戳自己或别人的生殖器官，否则会伤到生殖器官；第三，要注意隐私，不能当着别人的面看或者摸自己的生殖器官。

如果看到别的小朋友摸自己的隐私部位，我们该怎么办？（学生回答）

教师：我们可以告诉他，这是不对的，不可以在别人面前摸隐私部位，会让我们觉得不舒服，这是不尊重别人。如果他知道了也不听，我们可以告诉家长、老师。

◦ 课堂小游戏

教师：下面我们一起来做"习惯养成大闯关"游戏吧！老师说，你来做，如果你认为是好的卫生习惯，就请把双手举在头顶，如果你认为是不好的习惯，就把双手交叉举在胸前。（教师演示）

第一关：我们要天天换洗内衣裤。（√）
第二关：玩耍的时候要保护生殖器官。（√）
第三关：上厕所不关门。（×）
第四关：大便从后往前擦。（×）
第五关：冬天太冷了，不用每天清洗生殖器官。（×）

◦ 教学提示

闯关游戏采用一问一答的方式进行。

◦ 小结过渡

教师：身体是我们的好朋友，它会一直陪伴我们，平常要记得照顾和保护好它。生殖器官非常重要，是我们长大结婚后生宝宝的器官，大家平时要养成好的性卫生习惯，注意安全和隐私。刚才我们提到要每天清洗生殖器官，那么大家知道该如何清洗我们的生殖器官吗？下面跟着老师一起来了解一下吧！

（四）知识点二：清洗生殖器官

◦ 引导提问

教师：小朋友们，你每天都洗自己的生殖器官吗？是怎么洗的？（学生回答）

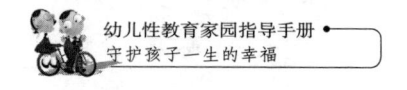

知识点讲解

教师：我们要学会正确清洗自己的生殖器官，才能使身体更健康！不管是男生还是女生，都要每天用温水从前往后清洗外生殖器官，最好使用流动水冲洗，冬天也可以用专门的小盆装上清水，然后用干净的手或者毛巾清洗就可以了，不需要每天用香皂或者沐浴露清洗。（教师用娃娃教具"佳佳""威威"演示）

由于男生和女生的生殖器官不一样，所以清洗生殖器官的方法有些不同。让我们先来学习男生怎么清洗生殖器官。

男生需要将包皮轻轻地撸下来，用手或者毛巾把里面的包皮垢洗干净，再将包皮还原，最后洗屁股，不然可能会把肛门附近的脏东西带到阴部。如果我们的包皮翻不开，就不要强行向下翻，可以让爸爸妈妈带我们去医院看看，请医生帮忙。（教师出示男生外生殖器官模型并演示）

接下来我们来看看女生应该如何清洗生殖器官。女生的生殖器官清洗的顺序是由里向外、从前往后，先清洗尿道口、阴道口，然后清洗小阴唇和大阴唇，最后洗屁股。（教师出示女生外生殖器官模型并演示）

男生女生清洗生殖器官的具体方法，小朋友们学会了吗？要记得每天都清洗生殖器官，让自己的身体更健康。

课堂小游戏

教师：下面我们来玩一个游戏，请小朋友用这两个模型给大家表演一下如何清洗男生女生的生殖器官，下面我们开始吧！准备好的小朋友请举手。（学生表演）

教师：小朋友们完成得都很好，大家回家以后也要正确清洗。

> 教学提示

该部分知识点需要较强的动手能力，教师需要结合图片、模型等进行讲解，并多加肢体动作演示，便于学生更好地理解与记忆。可以用提前准备好的小盆子和毛巾，用"佳佳""威威"模拟清洗生殖器官。

> 小结过渡

小朋友们，要记住生殖器官是我们重要的身体部分，大家要每天清洗，像爱护鼻子、眼睛一样，去爱护生殖器官。

（五）知识大闯关

教师：相信小朋友们都学会了今天的知识，下面老师想和大家一起玩闯关的游戏。如果你认为对，就双手向上举在头顶；如果你认为不对，就双手交叉举在胸前，现在我们开始吧。（教师演示）

第一关：每天都要清洗生殖器官。（√）

第二关：清洗阴茎时需要翻开包皮来清洗。（√）

第三关：当生殖器官出现异常时不告诉家长和医生。（×）

第四关：要像爱护鼻子、眼睛一样爱护我们的生殖器官。（√）

第五关：可以在别人面前摸自己的隐私部位。（×）

第六关：擦屁股的顺序是从后往前。（×）

> 教学提示

每个题目涵盖一个重要知识点，对学生回答错误的问题补充正确答案，巩固相关知识点。

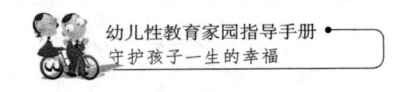

（六）课堂小结

> 教师提问

教师：有小朋友愿意分享一下这节课老师都讲了哪些内容吗？（学生分享）

> 小　结

保持身体每个器官卫生是我们日常生活的一部分，是每个人健康生活最重要的事情。小朋友们要学会自己做好个人卫生，养成良好的性卫生习惯，每天正确地清洗自己的生殖器官，保护好它们。如果感到生殖器官不舒服，要及时告诉爸爸妈妈或其他家人。

> 课后作业

学生回家之后和家长分享学到的知识，在家长的帮助下学习清洗自己的生殖器官，做好隐私部位的卫生与保护。教师与家长做好对接，使学生正确清洗自己的生殖器官，养成良好的性卫生习惯。

> 结束语

今天我们学习了如何养成良好的性卫生习惯，下节课我们将学习如何爱身体、爱自己。今天的课就上到这里，小朋友们，再见。

第三课

爱身体、爱自己

教学目标

（1）知识：知道什么是好的身体感受，什么是不好的身体感受；认识身体权；知道如何表达身体感受。

（2）技能：能够区分和表达不同的身体感受，并分享给家人和朋友，必要时寻求帮助。

（3）情感与价值观：让孩子悦纳自己，认同包括残疾人士在内的每个人都有身体权，都应该被尊重。

教学准备

教学课件（PPT）、不同种族小朋友的图片、残疾人士的图片、表达好/不好的身体感受的图片、不同情境的图片、歌曲《身体音阶歌》。

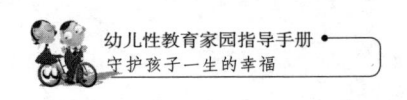

教学过程

（一）课程介绍

教师：大家好，我是××老师，今天我要和大家一起来学习爱身体、爱自己。小朋友们还记得我们的课堂约定吗？123，坐坐好（练习一遍）。如果老师提问，小朋友要先举手，老师邀请了你再回答。对遵守约定并答对了的小朋友，老师有奖励哦！（教师和学生打招呼后，说明课程主题，然后复习课堂约定，方便课堂管理）

（二）主题导入

引导提问

教师：小朋友们，我们来听《身体音阶歌》，大家跟着音乐一起动起来。（播放《身体音阶歌》）

教师：我们的身体需要运动，要做好个人卫生，使身体更健康。老师想问问大家，保持个人卫生，需要我们每天做什么？（学生回答）

知识点回顾

教师：对，我们每天要刷牙、洗脸、经常洗澡、换衣服等。小朋友们，下面我们一起来看看这些卫生习惯。

大小便后要不要洗手？（学生：要）

擦屁股的时候应该从前往后还是从后往前？（学生：从前往后）

男生要不要每天清洗生殖器官？（学生：要）

能不能每天用沐浴露清洗生殖器官？（学生：不能）

当生殖器官不舒服时，小朋友们可以告诉谁？（学生：爸爸妈妈、其他家人、老师）

教学提示

知识点回顾采用一问一答的形式，帮助学生复习。容易理解和记忆的知识点只需简单复习。

小结过渡

大家都做得很棒。记住，身体是一直陪伴我们的好朋友，我们要照顾和保护好它，平常要做好个人卫生，包括清洗生殖器官，使身体更健康。小朋友们，看看自己和身边的小伙伴，想一想你们有什么不同？下面让我们一起来学习今天的主要内容吧！

（三）知识点一：悦纳自己

课堂小游戏

教师：我们来玩一个"我爱我的身体"小游戏吧，用"我爱我的……我爱我的……"造句，比如"我爱我的鼻子，我爱我的眼睛，我爱我的脸……我爱我的身体"。想一下你爱什么，然后举手。（学生回答）

教师：小朋友们都说得很好。有小朋友说"我爱我的手，我爱我的脚……"那么小朋友们应不应该爱自己呢？（引导学生说爱臀部等身体部位，包括隐私部位，学生回答）

知识点讲解

教师：首先，我们一起来看看这三张图片，想一想它们有什

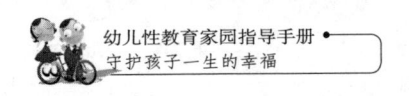

么不同呢？（出示3张不同发型和肤色小朋友的图片，学生回答）

大家都说得很棒。我们可以看到这三个小朋友长得不一样，他们头发和皮肤的颜色不一样！他们的头发有长有短，有卷发和直发，他们的皮肤有黑色、黄色、白色。小朋友们看看身边的小伙伴，我们是不是都不一样呢？（学生回答）

老师想问问大家，你喜不喜欢自己的身体？（学生回答）

每个人都是独一无二的，都有自己独特的外貌，我们要接受和欣赏自己的不同，这样才能做一个快乐的小朋友。我们要爱自己，更要爱自己的身体，要悦纳自己。

小朋友们看看这些图片上的人，想想他们和你们有什么不同呢？（学生回答）（出示相应残疾人士的生活照片，也可用残奥会运动健儿的图片）

他们是眼睛看不见的人、失去双臂的人、失去双腿的人，他们的身体有残缺，在生活中会遇到更多的困难，我们应该尊重和帮助他们，和他们做朋友。如果看到有人欺负他们，我们可以勇敢地告诉别人这样做是不对的，或是请求大人的帮助。

小朋友们，我们都是独一无二的，都是爸爸妈妈的宝贝。我们在爱自己的同时，也要尊重和接受别人的不同，特别要尊重残疾人士。

课堂小游戏

教师和学生一起玩一个"模仿接力小游戏"，当教师说完"我爱小猫"的时候，小朋友们就说"喵喵喵"，然后接下去。（教师和助教演示，如教师说"我爱小猫"，助教学猫叫；教师说"我爱自己"，助教做出抱抱自己的动作）下面我们开始吧！

教师：我爱小猫。

教师：我爱自己。

教师：我爱小羊。

教师：我爱打篮球。

教师：我爱踢足球。

教师：我尊重盲人，我会牵他们过马路。

……

○ 教学提示

在模仿游戏时，教师应充分演示，确保学生理解具体玩法，如果班上有残疾的学生，教师要注意调整方式。

○ 小结过渡

我们要悦纳自己，注重自己的身体感受，那么小朋友们知道哪些是好的身体感受，哪些是不好的身体感受吗？让我们一起来了解一下吧！

（四）知识点二：表达身体感受

○ 引导提问

教师：下面老师举几个例子，大家想一想如果是你，你会感到开心还是不开心。

教师：小朋友揪了你的头发。（学生回答）

教师：小伙伴把零食分享给你吃。（学生回答）

教师：爸爸妈妈拥抱你，表扬你今天起床很准时。（学生回答）

教师：小朋友们有的感觉开心，有的感觉不开心，那这是为什么呢？（学生回答）

○ 知识点讲解

教师：我们先来看看这些图片，想一下你看到了什么？如果是你，会有什么感受？（出示几张"好的身体感受"的图片，依次让学生介绍，问学生有什么感受，学生回答）我们从这些图片中可以看到：这对爸爸妈妈拥抱了自己的小孩、两个好朋友手拉手地在一起玩耍、爷爷奶奶给这个小朋友做了好多好吃的。大家从这些图片中都能感受到开心、快乐、愉悦和舒适，这就是好的身体感受，它会让我们感到幸福，充满动力。在今后的生活中，我们也可以做更多这样的事情哦。

教师：我们再来看看这几张图片，再请小朋友们想想，如果是你，会有怎样的感受？（出示几张"不好的身体感受"的图片，依次让学生介绍，问学生有什么感受，学生回答）小朋友们回答得都很棒，我们看到图中的男生揪女生的辫子，还有一个小朋友拍了一下小伙伴的脑袋，最后这张图中的小朋友，他的皮球被人抢走了。这些图片都给人一种不舒服、被欺负的感觉，这就是不好的身体感受，还有那些令小朋友们感到疼痛、害怕和违背大家意愿的事，都会带来不好的身体感受，影响大家的健康成长。那我们要怎么做，才能避免发生这样的事情呢？（学生回答）

教师：每个人都有身体权，假如遇到这些伤害我们身体，令我们感到不开心的事，我们可以勇敢坚定地拒绝，向对方表达出自己的身体感受。比如大声告诉对方："你干什么？你这样做是不对的！""你这样让我感觉不舒服、很痛、很难受！"等。如果自己不能解决，在学校可以告诉老师，回到家里及时告诉爸爸妈妈或者其他信任的大人，向他们寻求帮助，千万不要一个人憋在心里，这样会影响我们的健康成长。请小朋友们记住：我的身体我做主。

○ 课堂小游戏

教师：下面老师想和大家一起玩个情景模拟游戏。老师这里有各种不同情景的图片，然后请小朋友上来抽一张，表演出图中

的情景，可以邀请别的小朋友一起表演，并表达出自己的身体感受和应对方法。（教师演示，学生表演）

○ 教学提示

该部分知识点对于学生略为抽象，教师需要利用一些实际场景让学生去感受，便于更好地理解与记忆。可以采用一问一答然后讲解的形式，引导学生学习拒绝和求助，学会不伤害别人，增加同理心。

○ 小结过渡

刚才我们一起学习了哪些是好的身体感受，哪些是不好的身体感受，我们要注重自己的身体感受，学会与爸爸妈妈、老师、朋友分享这些感受。

（五）知识大闯关

教师：下面我们一起来玩"爱护身体小卫士"闯关游戏。如果你认为对，就双手向上举在头顶；如果你认为不对，就双手交叉举在胸前。（教师演示）现在我们开始吧。

第一关：我们应该经常锻炼身体。（√）

第二关：不要嘲笑残疾人士。（√）

第三关：小明在学校抢了小花的玩具，小花很不开心，但没有告诉老师。（×）

教师：小花的玩具被抢了，这给她带来的是一种不好的身体感受，应该告诉老师或者家长，不要憋在自己心里，老师、家长会帮助小花。

第四关：经常跟爸爸妈妈分享自己的身体感受。（√）

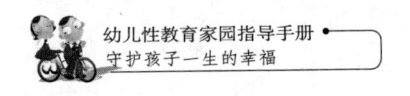

教学提示

每个题目涵盖一个重要知识点，对学生回答错误的问题补充正确答案，巩固相关知识点。

（六）课堂小结

教师提问

教师：有小朋友愿意分享一下这节课老师都讲了哪些内容吗？（学生分享）

小 结

教师：今天我们主要学习了怎样爱身体、爱自己，要注重身体感受，多做让我们感到舒服愉悦的事，少做令我们感到不舒服、不愉悦的事。每个人都是独一无二的，我们要悦纳自己，接受自己的不同，同时也要尊重别人的不同。

课后作业

教师：小朋友们回家之后，向家长分享一下今天让自己感到开心或者不开心的事，大胆表达自己的身体感受。

结束语

教师：今天我们知道了如何爱自己。小朋友们知道自己是从哪里来的吗？下节课我们将学习生命的诞生，一起探索生命的科学秘密！今天的课就上到这里，小朋友们再见。

第四课

生命的诞生

教学目标

（1）知识：知道动物的出生方式有胎生和卵生；知道怀孕是精子和卵子结合形成受精卵并在子宫着床的过程；了解精子来源于男性的睾丸，卵子来源于女性的卵巢，精卵结合是通过阴茎进入阴道的行为完成的。

（2）技能：能够正确分辨胎生动物和卵生动物，用科学词汇简述人类新生命的诞生。

（3）情感与价值观：意识到爸爸妈妈都对新生命的诞生做出了重要贡献，生命来之不易，要珍爱生命。

教学准备

教学课件（PPT）、绘本（《我从哪里来》或者《小威向前冲》）、性教育娃娃教具、动物小卡片、生殖器官模型1对、磁吸、礼品（绿豆、红豆、黄豆、花卉的种子）。

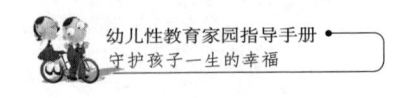

教学过程

（一）课程介绍

教师：大家好，我是××老师，今天我要和大家一起来学习生命的诞生。小朋友们还记得我们的课堂约定吗？123，坐坐好（练习一遍）。如果老师提问，小朋友要先举手，老师邀请了你再回答。对遵守约定并答对了的小朋友，老师有奖励哦！（教师和学生打招呼后，说明课程主题，然后复习课堂约定，方便课堂管理）

（二）主题导入

引导提问

教师：小朋友们，你们瞧，谁来我们教室做客啦，一起打个招呼吧！（教师出示"佳佳""威威"）

教师：通过之前的学习我们知道了男生和女生的身体有不一样的地方，谁来讲给我们听听呢？（教师将娃娃教具递给学生，让学生用娃娃教具讲不同，并提醒学生可以指给大家看）

教师：小朋友回答得真棒，下面我们一起来回顾一下以前学习的知识吧！

知识点回顾

教师：下面老师要问大家几个问题，看看你们是否还记得我们以前学过的内容，大家一起回答哦。（教师用教具指相应部位，引导学生回答）

教师：这是男生还是女生的外生殖器官？（教师出示女生的

外生殖器官模型。学生：女生）

　　教师：女生的外生殖器官有哪些？（学生：阴道口、大阴唇、小阴唇等）

　　教师：女生的内生殖器官有哪些？（学生：卵巢、子宫等）

　　教师：卵巢里面有什么？（学生：卵子）

　　教师：子宫的作用是什么？（学生：子宫是小宝宝出生前住的地方）

　　教师：男生的外生殖器官有哪些？（教师出示男生的外生殖器官模型。学生：阴茎、阴囊等）

　　教师：男生的内生殖器官有哪些？（学生：睾丸等）

　　教师：睾丸可以产生什么？（学生：精子）

○ 教学提示

　　配合教具，采用一问一答的形式，帮助学生复习。容易理解和记忆的知识点只需简单复习。

○ 小结过渡

　　教师：小朋友们回答得都很棒，身体是我们的好朋友，它会一直陪伴我们，平常要记得照顾和保护好它。我们要爱自己，爱自己的身体。老师问大家一个问题，你们知道我们是从哪里来的吗？（学生回答）下面让我们一起来了解一下吧！

（三）知识点一：动物的出生

○ 引导提问

　　教师：小朋友们，它是谁？（教师出示小鸡图片，学生回答）

　　教师：你们知道小鸡是怎么生出来的吗？（教师出示鸡蛋的图片，学生回答）

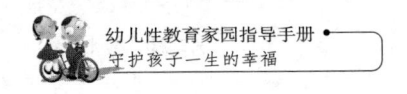

教师：它又是谁？（教师播放小狗的叫声，学生回答）

教师：小狗刚刚出生是什么样？（教师出示小狗刚出生的照片，学生回答）

教师：小鸡和小狗的出生有什么不同？（教师出示小鸡、小狗等小动物的图片，通过询问学生各种常见小动物出生时的样子，引导学生对比讨论为什么动物出生的方式不同，学习胎生动物和卵生动物的区别。学生回答）

知识点讲解

教师：小鸡是先由鸡妈妈生出蛋，然后从蛋里孵化出来的，这样的小动物是卵生动物，比如，小鸭和小鸟。小狗是狗妈妈直接生下来的，像这样从妈妈肚子里直接生出来的动物就是胎生动物，比如，小猫和小羊。

课堂小游戏

教师：老师还请来了很多小动物，它们是谁呢？（出示动物图片，学生回答）

教师：你们能猜出它们是胎生动物还是卵生动物吗？下面我把这些动物图片发给你们，请先判断自己拿到的动物是胎生动物还是卵生动物，然后把卵生动物的卡片贴在小鸡下面，把胎生动物的卡片贴在小狗下面。（在黑板上出示小鸡和小狗的图片，然后把小动物图片发放给学生，提醒他们在黑板上对应处粘贴）

教学提示

引导提问采用一问一答的方式进行。课堂小游戏环节中学生粘贴动物卡片前要与学生一起分析为什么是胎生/卵生动物，重复知识点（如：×××是直接从妈妈肚子里生出来的动物，所以×××是胎生动物。×××是妈妈先生出一个蛋，然后×××再从蛋里面孵出来的动物，所以×××是卵生动物）。学生在学习胎生和卵生的过程中可能会问到一些问题让教师难以解答，比如：①动画片里的人物或不常见的动物等是胎生还是卵生？②孙悟空是从石头缝里蹦出来的，他是胎生还是卵生呢？如果遇见反应不过来的问题，可以先表扬提问的学生善于思考，然后再想办法应对。如果确实是知识盲区，教师不能提供错误的答案去误导学生，需要大胆承认自己的不懂之处，应该在课后与学生一起去寻找答案。

小结过渡

看来大家都知道这些小动物是从哪里来的了。那么小朋友们知道自己是从哪里来的吗？待会儿我们一起来揭晓答案吧！

（四）知识点二：人类宝宝的诞生

引导提问

教师：小朋友们，想一想我们是胎生还是卵生呢？（学生回答）

教师：我们是直接从妈妈肚子里生出来的，所以我们是胎生。小朋友想知道我们到底是从哪里来的吗？

知识点讲解

教师：爸爸的身体里有很多精子，像小蝌蚪一样，是爸爸传播生命的种子；妈妈的身体里有像小泡泡一样的卵子，是妈妈传播生命的种子。爸爸妈妈相爱结婚后，经常互相表达爱，比如拥抱、送礼物等，他们有时会一起"做爱"。这是爸爸妈妈的私密活动，他们会悄悄做，不让别人看到。小朋友注意，我们也不能去故意偷看哦。这时候，爸爸把"种子""种"在妈妈的身体里。

最后有一颗最幸运的精子和卵子结合，一个新的生命就在妈妈身体里诞生了，这就是受精卵，也就是我们每个人最初的模样。（结合绘本《我从哪里来》或《小威向前冲》讲解）

教师：小朋友们请看，这是卵子，这是精子，精子和卵子在输卵管里结合形成受精卵，然后受精卵会沿着输卵管来到子宫，在这里生长发育。受精卵在妈妈的子宫里慢慢地长大，发育成熟以后，小宝宝就从妈妈的肚子里生出来啦。我们出生的这一天，就是我们的生日。很多同学过生日要吃面、吃蛋糕，和家人一起庆祝，这是多么开心的事啊！（教师结合女性内生殖器图片，用不同颜色磁吸代替精子和卵子演示这个过程）

教师：每个人都是由爸爸的精子和妈妈的卵子结合成受精卵发育而来的，我们的成长要经历很多艰辛，需要爸爸妈妈、家人和老师的精心呵护和照顾。所以，每个人都是平等的，我们要团结友爱，相互尊重，珍爱生命，既要珍惜自己的生命，也要爱护别人的生命！

课堂小游戏

教师：有小朋友愿意为大家演示一下精子和卵子是如何相遇形成受精卵的吗？（请学生上台，用不同颜色磁吸代替精子和卵子，结合女性内生殖器图片演示）

教学提示

该部分知识点较多且重要，教师需要结合动画、视频、图片、绘本等进行讲解，讲解完成后可以适当总结或齐读，便于学生更好地理解与记忆。

小结过渡

教师：小朋友们知道了吗？我们每个人都是由爸爸的精子和

妈妈的卵子结合成受精卵发育而来的。每个人都是平等的,小朋友们要团结友爱,相互尊重,既要珍惜自己的生命,也要爱护别人的生命!小动物、植物也都是有生命的,我们也要爱护它们的生命!

(五)知识大闯关

课堂小游戏

教师:相信今天的知识小朋友们都已经学会了,下面老师想和大家一起玩闯关游戏。如果你认为对,就双手向上举在头顶;如果你认为不对,就双手交叉举在胸前。(教师演示)

第一关:胎生动物是直接生出小宝宝的动物。(√)

第二关:卵生动物是先生出蛋,然后小宝宝再从蛋里面孵出来的动物。(√)

第三关:爸爸的身体里面有卵子。(×)

第四关:妈妈的身体里面有精子。(×)

第五关:我们的身体是爸爸的精子和妈妈的卵子结合成受精卵发育而来的。(√)

教学提示

每个题目涵盖一个重要知识点,对学生回答错误的问题补充正确答案,巩固相关知识点。

(六)课堂小结

教师提问

教师:有小朋友愿意分享一下这节课老师都讲了哪些内容吗?(学生分享)

○ 小　结

教师：动物的出生有胎生和卵生两种方式。人类宝宝是胎生的。我们每个人都是由爸爸的精子和妈妈的卵子结合成受精卵发育而来的，每个人都是平等的。小朋友们要团结友爱，相互尊重，珍惜生命！

○ 课后作业

教师：回家之后对爸爸妈妈说："爸爸妈妈，谢谢你们给了我生命，我爱你们。"

○ 结束语

教师：我们今天的课就上到这里。下面请每个小朋友排队到老师这里来，领一份绿豆、红豆、黄豆、花卉的种子，拿回家种到花盆里观察一下植物的生长。下节课我们将学习宝宝的孕育，小朋友们，再见。

第五课
宝宝的孕育

教学目标

（1）知识：知道母亲孕育生命的时长、两种出生方式；了解女性在整个孕育生命的过程中身体发生的变化、家人的付出，子宫、脐带的作用。

（2）技能：能说出胎儿在母亲身体里住的地方是子宫，自己的出生方式是顺产还是剖宫产；能够表达自己对女性怀孕期间的感受。

（3）情感与价值观：意识到生命来之不易，体会到母亲的艰辛、父亲在新生命孕育过程中应承担的责任及家人的付出，培养对父母及家人的感恩之情。

教学准备

教学课件（PPT）、女性内生殖器官图片、磁吸、性教育娃娃教具（婴儿模型、"佳佳"、子宫模型）、迪迦奥特曼变身视频、各周胚胎图片、母亲怀孕过程图、家人的图片。

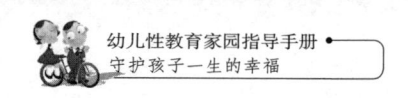

教学过程

（一）课程介绍

教师：大家好，我是××老师，今天我要和大家一起来学习宝宝的孕育。小朋友们还记得我们的课堂约定吗？123，坐坐好（练习一遍）。如果老师提问，小朋友要先举手，老师邀请了你再回答。对遵守约定并答对了的小朋友，老师有奖励哦！（教师和学生打招呼后，说明课程主题，然后复习课堂约定，方便课堂管理）

（二）主题导入

引导提问

教师：小朋友们看这是什么呀？（教师出示女性内生殖器官图片，用不同颜色磁吸代替精子和卵子）

教师：你们还记得人类宝宝是怎么诞生的吗？谁能演示给我们看看呢？（告诉学生不同颜色的磁吸代表精子还是卵子）

教师：小朋友们真棒。我们一起来回顾一下之前我们学习的内容吧！

知识点回顾

教师：我们上节课学习了生命的诞生，老师想看看小朋友们还记得吗？我会问你们几个简单的问题，小朋友们一起回答好不好？

直接生出小宝宝的动物是什么动物？（学生：胎生动物）

先生出蛋，然后再从蛋里面孵出来的动物是什么动物？（学

生：卵生动物）

我们的身体是由爸爸的精子和妈妈的什么结合成什么发育而来的？（学生：卵子、受精卵）

受精卵在妈妈的哪里生长发育？（学生：子宫）

教学提示

采用一问一答的形式，帮助学生复习。

小结过渡

小朋友们回答得都很棒。我们知道了动物的出生有胎生和卵生两种方式。每个人都是由爸爸的精子和妈妈的卵子结合成受精卵发育而来的，每个人都是平等的。小朋友们要团结友爱，相互尊重，既要珍惜自己的生命，也要爱护别人的生命！下面让我们一起来学习今天的主要内容吧！

（三）知识点一：胎儿在子宫里孕育成长的过程

引导提问

教师：小朋友知道我们是怎么来的了，那么小朋友知道我们是怎么从一颗受精卵变成小宝宝的吗？下面我们先来看一个视频吧。（播放迪迦奥特曼变身视频）

教师：小朋友们，这是谁呀？（学生：奥特曼）

教师：他刚刚在干什么呀？（学生：变身）

教师：是的，这就是迪迦奥特曼的变身过程，他先拿着一根变身棒，然后大叫一声"迪迦"，配合上帅气的动作，就可以从一个普通人变成一个奥特曼了。（教师根据视频做相应动作）

教师：小朋友们知道吗？我们每个小朋友都会变身，都是从一颗受精卵变身成一个小宝宝的。下面我们一起来了解这个变身

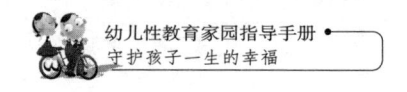

过程吧!

○ **知识点讲解**

教师:当我们还是一颗受精卵的时候,主要住在妈妈的哪个地方?(学生:子宫)

教师:对,我们就是在妈妈的子宫里从一颗受精卵变身成一个小宝宝的。小朋友的变身过程就是小宝宝在妈妈子宫里的变化过程。妈妈的卵子成熟后会从卵巢里面出来,然后进入输卵管,这个过程叫作排卵;爸爸的精子会通过妈妈的阴道来到子宫再到输卵管,精子和卵子相结合形成受精卵,这个过程叫作受精;然后受精卵会顺着输卵管进入子宫,这个过程叫着床。这个时候宝宝就开始生长发育了,也就是最初的我们。(教师播放精卵结合的动画)

教师:第5周的时候,胚胎长得像什么呀?(教师出示第5周胚胎图片,学生回答)

这个时候我们长得像海马,只有芝麻粒般大小。

教师:第8周的时候看起来像什么呀?(教师出示第8周胚胎图片,学生回答)

教师:像一个外星人,眼睛大大的,这个时候我们有樱桃般大小了。(出示第12周胎儿图片)到了第12周,小宝宝长得更大了,有大虾一般大小了。(出示第19周胎儿图片)到第19周,小宝宝在妈妈肚子里很活跃了,会踢妈妈的肚子,会伸懒腰,滚来滚去,这个时候妈妈就可以感受到小家伙是有生命的了。慢慢地,小宝宝会越长越大,也会越来越重。(出示28~37周胎儿图片)直到28周的时候,小宝宝从妈妈的子宫里生出来就可以存活了,从第28周后到第37周前出生的宝宝叫作早产儿。(出示37~40周胎儿图片,婴儿模型)到37~40周的时候,小宝宝就是足月儿了,大约有6斤重,50厘米长,在这个阶段宝宝从妈妈的肚子里生出来就是正常生产了。这就是小宝宝的变身过程。

◯ 教学提示

迪迦奥特曼变身视频可自行替换成其他动画变身视频。用图片、婴儿娃娃等教具演示，结合提问、讲解让学生直观地感受到子宫内的变化过程。

◯ 小结过渡

教师：小朋友们看清楚我们在妈妈肚子里的变身过程了吗？我们会有什么样的变化呢？（学生回答）

教师：我们的变身需要多长的时间？（学生回答）

教师：我们在妈妈肚子里会越来越大、越来越重，大多数宝宝要在妈妈的肚子里孕育10个月左右才生下来。

（四）知识点二：妈妈怀孕期间身体的变化

◯ 引导提问

教师：小朋友们想一想，妈妈在孕育我们的时候，会有什么样的变化呢？（学生回答）

◯ 知识点讲解

教师：（出示母亲怀孕过程图）随着胎儿在妈妈肚子里越长越大、越长越重，妈妈的肚子会越来越大，体重也会越来越重。这个过程中，很多妈妈可能会出现头晕、没有力气、吃不下东西、讨厌油腻的食物、恶心、呕吐等反应，还可能遇到危险，如果妈妈摔跤、生病，宝宝就有可能死掉，所以妈妈在怀孕期间会很累，同时也要很小心。但是，不论妈妈有多累，妈妈对小朋友的爱和期待都会让她感到幸福，让她克服困难并且坚持下来！当

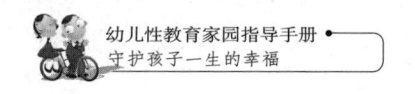

妈妈看到可爱的宝宝时，就会觉得所有的辛苦都是值得的。

教师：从妈妈怀孕到小宝宝出生的整个过程中，其他家人会做些什么呢？（依次出示其他家人图片，学生回答）

教师：小朋友们回答得很棒。当爸爸知道妈妈怀孕后，不仅要去赚钱，还要照顾妈妈，也很辛苦。爷爷奶奶、外公外婆等家人知道妈妈怀孕了，都会很高兴，也会格外照顾妈妈，会分担很多家务等。家人为了小朋友能够健康地出生，会付出很多，他们也同样认为是值得的。所以小朋友们要感谢所有家人的照顾与关爱。

课堂小游戏

教师：接下来我们玩一个情景模拟小游戏。请小朋友把"佳佳"等物品放在衣服里面，或者在书包里装水杯、矿泉水等物品背在胸前，从教室的前面走到后面，捡一个玩具，再走回来，小朋友会有什么样的感受呢？

教师：小朋友们一定会感到不方便，还会感到累。小朋友们想想，妈妈保护我们10个月，是不是更辛苦呀？（学生回答）

教师：是的，很辛苦。那今天我们回去对妈妈说一声"妈妈，你辛苦了"，等我们长大了也要照顾和保护妈妈。

教学提示

教师在讲解知识点的过程中，可以让学生扮演孕妇，同时在教室或户外场地中增加一些障碍物，让学生体会孕妇行走的不易，也可以让一个小朋友扮演爸爸，让学生思考爸爸应该做什么。可以在黑板上贴一个孕妇的板贴，将其他家人的头像依次贴到黑板上，强调周围家人的付出，让学生懂得感恩。通过游戏，让学生体验妈妈孕育生命的过程，引导学生学会换位思考，体会到妈妈怀孕时的辛苦，从而激发学生对妈妈的感恩之情。

○ 小结过渡

妈妈将我们生下来，需要经历一个漫长而辛苦的过程。生命来之不易，我们要珍爱生命。在妈妈怀孕时，爸爸要去赚钱，还要照顾妈妈，爷爷奶奶、外公外婆等家人也要承担很多家务，大家都会很辛苦。孕育宝宝的过程虽然辛苦，但是宝宝是上天赐予家庭的礼物，宝宝的到来会给家人们带来很多幸福和快乐。所以我们要懂得感恩，既要珍惜生命，也要爱自己的家人。

（五）知识点三：脐带的基本知识

○ 引导提问

教师：小朋友们知道这是什么吗？（出示胎盘图片或教具，指向脐带部位。学生回答）

○ 知识点讲解

教师：这是小宝宝与妈妈连接的纽带，它叫脐带。小朋友猜猜它有什么作用呢？（学生回答）

教师：胎儿在妈妈肚子里的时候主要通过脐带吸收养分和排出废物，出生后，医生会把脐带剪断，在小宝宝的肚子上打一个小结，那个时候我们就可以用肺来呼吸、用嘴巴来吃东西了。

教师：你们知道医生打的小结在哪里吗？（学生回答）

教师：就是小朋友的肚脐眼啦，小朋友洗澡的时候可以看一看，但是不能用力去抠，因为肚脐眼是非常脆弱的，我们要好好保护它。

○ 教学提示

如果发现有学生抠肚脐眼要及时制止，并提醒学生肚脐眼是

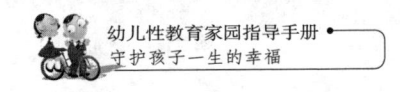

非常脆弱的,我们要好好保护它。

小结过渡

脐带是小宝宝与妈妈连接的纽带,小宝宝在妈妈肚子里时主要就是通过脐带吸收养分和排出废物,出生后,医生会剪断脐带,就形成了肚脐眼。肚脐眼非常脆弱,我们要保护好它。

(六)知识点四:胎儿的出生方式

引导提问

教师:小朋友们,你们知道小宝宝是怎么从妈妈的肚子里出来的吗?(学生回答)

知识点讲解

小宝宝出生有顺产和剖宫产两种方式。顺产就是小宝宝直接从妈妈的阴道里出来的方式。在怀孕的过程中,妈妈的身体也会根据宝宝的成长过程做好准备,宝宝从阴道出来时,阴道会根据宝宝的头部大小扩张,帮助宝宝顺利来到世界上。(教师用娃娃教具"佳佳"或子宫模型演示)

还有一种方式叫作剖宫产。如果宝宝不能通过顺产的方式诞生,医生就会建议剖宫产,这是一种外科手术,医生会在妈妈的肚子上轻轻开一道口子,把小宝宝从妈妈肚子里抱出来,然后医生再把伤口缝起来。伤口需要很长的时间才能愈合,会在妈妈的肚子上留下一道瘢痕。(教师用子宫模型演示)

教师:小朋友们,想一想妈妈在生宝宝时会有什么感受?(学生回答)

教师:不管是顺产还是剖宫产,妈妈都会消耗很多体力,都很辛苦,会流一些血,感到疼痛,身体会变得虚弱,需要很长时间才能恢复，这些都是正常的，但也可能会有异常情况发生，如少数的产妇可能出现大出血，如果不及时抢救，可能会引起产妇死亡，或者有些孩子会因为难产而发生窒息，出现意外，甚至死亡。虽然生宝宝的过程很痛苦，但是妈妈对我们的爱会支撑她克服重重困难生下我们，妈妈多么伟大呀。不只是妈妈，爸爸也很期待宝宝的到来，所以爸爸会一直陪伴和照顾妈妈。因此，我们一定要懂得感恩，爱我们的爸爸妈妈。

○ 课堂小游戏

小朋友们都听懂了吗？下面我们请几个小朋友来玩模拟妈妈在医院生宝宝的游戏。（借助娃娃教具"佳佳"或子宫模型，请3~4个小朋友分别扮演爸爸、妈妈、医生、护士，模拟妈妈在医院生宝宝）

○ 教学提示

教师讲解顺产和剖宫产时都可以用"佳佳"或子宫模型演示，注意"佳佳"或子宫模型里面的胎儿要检查并放好。

○ 小结过渡

教师：小宝宝出生有顺产和剖宫产两种方式，不管哪种方式，妈妈都会很辛苦，爸爸也会一直陪伴和照顾妈妈。因此，我们要懂得感恩，要爱我们的爸爸妈妈。

（七）知识大闯关

○ 课堂小游戏

教师：相信今天的知识小朋友们都已经学会了。下面老师想和大家一起玩闯关游戏。如果你认为对，就双手向上举在头顶；

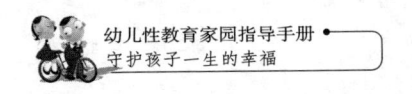

如果你认为不对，就双手交叉举在胸前，现在我们开始吧。（教师演示）

第一关：妈妈自己就能产生受精卵，生小宝宝。（×）

教师：受精卵是爸爸的精子与妈妈的卵子相结合形成的，妈妈自己是不能产生受精卵的。

第二关：在妈妈的子宫里要待 10 个月左右。（√）

第三关：小宝宝在妈妈肚子里的时候是通过脐带吸收养分的。（√）

第四关：剖宫产的宝宝是从妈妈的阴道里面生出来的。（×）

教师：剖宫产是医生把妈妈的肚子开一道口子，然后把小宝宝抱出来。顺产才是宝宝从妈妈的阴道里面生出来。

○ 教学提示

每个题目涵盖一个重要知识点，对学生回答错误的问题补充正确答案，巩固相关知识点。

（八）课堂小结

○ 教师提问

教师：有小朋友愿意分享一下这节课老师都讲了哪些内容吗？（学生分享）

○ 小　结

教师：今天我们学习了小宝宝的出生过程，知道了我们在妈妈肚子里是怎么变身的，我们在妈妈的子宫里要待 10 个月左右，从一颗受精卵变身成为一个小宝宝；脐带是连接妈妈与小宝宝的纽带，小宝宝在妈妈肚子里的时候可以通过脐带来吸收养分；我们还学习了小宝宝的出生方式，一种是顺产，另一种是剖宫产，这个过程对于妈妈来说很辛苦,但是她的心里是快乐的。爸爸妈妈还有其他家人在妈妈孕育宝宝的过程中也很辛苦,但是他们都期盼着小宝宝的到来,对于他们来说,这是一件非常幸福的事情。生命来之不易,我们既要珍惜自己的生命,也要爱自己的家人。

课后作业

教师:回家之后记得问问爸爸妈妈自己的出生方式,问问妈妈生我们的时候有什么感受,然后一定要记得感谢妈妈,对妈妈说我爱你。也要感谢照顾过我们的家人,对他们说你们辛苦了。

结束语

教师:我们今天的课就上到这里,感谢小朋友们的聆听!下节课我们将一起认识我们的家庭,小朋友们,再见。

第六课

我们的家庭

教学目标

（1）知识：了解家庭的类型及功能，了解爱的表达方式。

（2）技能：能够关心和帮助家人，做力所能及的家务，能够用不同的方式表达爱，能够对来自不同类型家庭的孩子表达尊重。

（3）情感与价值观：尊重不同类型家庭，不歧视孤儿和单亲家庭的孩子，认同每个家庭都可以很幸福，每个家庭成员都应该分担家务，每个人都可以表达爱。

教学准备

教学课件（PPT）、各类家族照片、纸、笔、动画视频（乌鸦反哺）、各类家庭活动图片。

教学过程

（一）课程介绍

教师：大家好，我是××老师，今天我要和大家一起来认识我们的家庭。小朋友们还记得我们的课堂约定吗？123，坐坐好（练习一遍）。如果老师提问，小朋友要先举手，老师邀请了你再回答。对遵守约定并答对了的小朋友，老师有奖励哦！（教师和学生打招呼后，说明课程主题，然后复习课堂约定，方便课堂管理）

（二）主题导入

引导提问

教师：上节课老师布置了一个小任务，让小朋友们回家后问爸爸妈妈自己的出生方式是什么。有小朋友愿意分享一下自己的出生方式吗？（学生分享）

教师：看来小朋友们都知道了自己的出生方式。下面老师来测试一下你们是否还记得上节课学习的内容。

知识点回顾

教师：宝宝要在妈妈肚子里孕育大约几个月？（学生：10个月）

教师：脐带的作用是什么？（学生：吸收养分和排出废物）

教师：宝宝的出生方式有哪些？（学生：顺产和剖宫产）

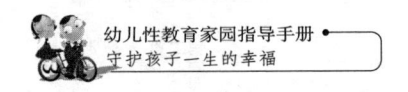

教学提示

采用一问一答的形式,帮助学生复习。

小结过渡

教师:爸爸妈妈还有其他家人在妈妈孕育我们的过程中都会很辛苦,但对于他们来说,这是一件非常幸福的事情。生命来之不易,我们既要珍惜生命,也要爱自己的家人。下面一起来了解一下我们的家庭吧!

(三)知识点一:我们的家庭

引导提问

教师:小朋友们,你们知道什么是家庭吗?(学生回答)

知识点讲解

1. 家庭的概念

教师:简单来说,生活在一个房子里的所有家人组成了我们的家庭,比如这个小朋友和他的爸爸妈妈组成了一个家庭,我们每个人都是家庭里的一分子。(教师出示父母与孩子的图片)

教师:接下来老师先来分享一下我的家庭情况,然后再请小朋友们分享自己的家庭情况。老师的家里有……(例如,爸爸、妈妈、外婆还有我)

教师:小朋友愿意和大家分享自己的家里都有哪些成员吗?(学生分享)

2. 家庭的类型

教师:小朋友们和家人一起照过家庭大合照吗?(学生回答)

教师:下面让老师用几张家庭照和小朋友们一起认识家庭有

哪些类型。

（1）大家庭。

教师：（出示大家庭照片）小朋友们看这张家庭照，里面有哪些人呀？（学生回答）

教师：一个家庭里不仅有爸爸妈妈和我们，还有其他家庭亲人，比如爷爷奶奶、外公外婆，这样的家庭就是大家庭。

（2）小家庭。

教师：（出示小家庭照片）我们来看看这张照片和刚刚那张有什么不一样？（学生回答）

教师：对，这张照片里只有爸爸妈妈和我们，像这张照片所展示的一样，这样的家庭就是小家庭。如果家里还有哥哥姐姐或者弟弟妹妹，那他们也是小家庭中的一员，就会有更多的家人爱我们。

（3）单亲家庭。

教师：（出示一张与父亲生活的单亲家庭照片，一张与母亲生活的单亲家庭照片）小朋友们，看看这两张家庭照，这两张照片上分别有几个大人呀？（学生回答）

教师：是的，只有一个大人。家庭中只有妈妈或者爸爸和小朋友，这样的家庭叫单亲家庭。

（4）重组家庭。

教师：小朋友们想想，两个单亲家庭里面的爸爸妈妈相爱了，可不可以组合到一起呀？（学生回答）

教师：对，是可以的，这样就形成了一个新的家庭，叫重组家庭。

（5）其他家庭。

教师：除了刚才老师讲到的这些家庭类型以外，你们还知道其他的家庭类型吗？（学生回答）

教师：有的爸爸妈妈因为有事不能陪伴照顾孩子，而是让爷

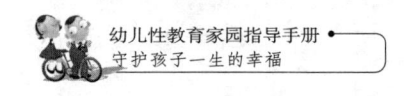

爷奶奶、外公外婆、姑姑姨姨、叔叔舅舅等照顾孩子,这些孩子和我们一样是家庭的宝贝,我们可以和他们一起玩,做朋友;还有的小朋友,可能爸爸妈妈因为生病或者发生意外都去世了,我们更要关心他们,和他们做朋友。如果他们不喜欢聊爸爸妈妈的话题,我们一定要尊重他们,一定不能去嘲笑他们没有爸爸妈妈,这样会让他们伤心难过。

教师:小朋友们学会辨别家庭的类型了吗?接下来,我们一起来分辨一下这三张家庭照是什么家庭吧。这是什么家庭?(教师依次出示大家庭、小家庭、单亲家庭照片,然后提问,学生回答)

教师:大家都看过小猪佩奇吧?我们再来看看小猪佩奇的家庭是什么类型?(教师出示小猪佩奇家庭图片,学生回答)

教师:小朋友们真棒,小猪佩奇的家庭类型是大家庭!佩奇一家的生活是非常幸福的,老师也想拥有这样的家庭,小朋友们想拥有吗?

教师:老师想告诉大家,或许我们不能改变家庭的类型,但我们也不用去羡慕别的家庭类型,因为只要一家人相亲相爱,不管是什么类型的家庭都可以很幸福,更不要嘲笑与你不同家庭类型的同学。

课堂小游戏

教师:相信小朋友们已经知道自己的家庭类型了。接下来我们玩个画画的小游戏吧。请小朋友画出自己的家庭成员,然后与大家分享自己的家庭。(教师分发纸笔,画画过程中提示学生不要画与家庭无关的内容)

教师:时间到了,我们请几位小朋友来分享一下自己的家庭吧!你可以说自己的家庭类型是什么,家里都有谁,介绍一下家里每个人最爱做的事情等,看看哪个小朋友对自己的家庭成员最

了解。(学生分享)

○ 小结过渡

教师：正如小朋友们分享的，大家的家庭类型可能不同，只要一家人相亲相爱，不管是什么类型的家庭都可以很幸福。接下来我们一起来了解家庭的功能。

（四）知识点二：家庭的功能

○ 引导提问

教师：小朋友们，你们知道爸爸妈妈平常都要做些什么吗？（学生回答）

教师：小朋友们可以做些什么呢？（学生回答）

○ 知识点讲解

教师：在家里，爸爸妈妈要出去工作赚钱，要照顾我们，我们要做力所能及的家务，这些都体现了家庭的功能。家庭的主要功能有生产和消费、生育、抚养和教育、养老、休息和娱乐、情感交流。接下来我们一起来认识一下家庭的这些功能。

1. 生产和消费

教师：家庭的第一个功能是生产和消费。小朋友，你们知道爸爸妈妈为什么要出去工作吗？（学生回答）

教师：爸爸妈妈出去工作是为了挣钱，这就是家庭的生产功能。爸爸妈妈挣到钱了，才能够去买吃的养活自己和我们，这就是家庭的消费功能。在一个家庭里面，有工作能力的成员需要工作赚钱，以维持家中的开销。我们小朋友现在还没有挣钱的能力，我们要学会节俭，不能浪费爸爸妈妈辛苦赚的钱。

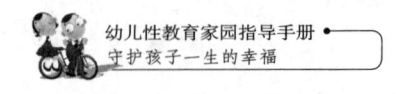

2. 生育

教师：小朋友们，这张图片里藏着什么秘密呢？（教师出示生育图片，学生回答）

教师：对，生宝宝。我们之前学习了生命的诞生和宝宝的孕育，知道了爸爸妈妈相爱后结婚，会生下宝宝，等我们长大了，有能力养活自己和宝宝时，我们也会生下宝宝，这就是家庭的生育功能。

3. 抚养和教育

教师：小朋友们，看看这两张图片里有什么故事发生呢？（出示抚养、教育图片，学生回答）

教师：从我们出生起，爸爸妈妈就一直抚养和教育我们，这就是家庭的抚养和教育功能。爸爸妈妈为了我们的健康成长做出了很多努力，所以我们一定要好好学习，做一个好孩子。

4. 养老

教师：小朋友们，这张图片里又藏着什么秘密呢？（出示养老图片，学生回答）

教师：爸爸妈妈养育我们非常辛苦，等我们长大了也要照顾爸爸妈妈。接下来我们来看一个动画视频吧！（播放"乌鸦反哺"动画视频）

教师：小朋友们，这个故事告诉了我们什么呀？（学生回答）

教师：这个故事告诉我们，我们长大了，爸爸妈妈也慢慢变老了，他们的力气也会变小，那个时候就需要我们照顾他们，让他们能安稳、快乐地度过老年生活，这就是家庭的养老功能。老师想问问大家，假如我们长大以后要去很远的地方读书或工作，爸爸妈妈不在我们的身边，我们应该做些什么呢？（学生回答）

教师：我们可以给他们打电话，或者有时间就多回家看看爸爸妈妈，总之要让爸爸妈妈感受到我们关心、在乎他们，老师相信小朋友们都能够做到。老师还要提醒小朋友们，"乌鸦反哺"

只是一个寓言故事，是为了让我们懂得感恩的道理而编出来的，所以寓言故事或童话故事不一定是真实存在的。

5. **休息和娱乐**

教师：小朋友们，能看出来这张图片里的人是在做什么吗？（教师出示休息图片，学生回答）

教师：一个小宝宝正在睡觉，他可能正做着香甜的美梦。其实这张图片要表达的就是我们在感觉到累时可以回家好好休息，这样才能更好地学习和玩耍，这就是家庭的休息功能。

教师：小朋友们，看看这张图片呢？（教师出示一个小朋友与爸爸看书的图片，学生回答）

教师：这是一个小朋友和爸爸在一起看书，我们可以在家里和爸爸或者妈妈一起看图画书、绘本等。那这张图片呢？小朋友们看出来里面的人是在做什么了吗？（教师出示一个小朋友与爸爸放风筝图片，学生回答）

教师：对了，这是小朋友在和爸爸放风筝，你们放过风筝吗？（学生回答）

教师：如果天气好的话，我们也可以和家人们一起出去放风筝，这就是家庭的娱乐功能。我们可以多和家人一起出去玩。

6. **情感交流**

教师：小朋友们，看出来这张图片里面的人是在做什么了吗？（教师出示一张小朋友给爸爸妈妈送花的图片，学生回答）

教师：这是一个小朋友在向爸爸妈妈送花来表达自己对爸爸妈妈的爱，这就是家庭中的情感交流功能。不论是小朋友们对爸爸妈妈的爱，还是爸爸妈妈对小朋友们的爱，都可以表达出来。在生活中不论发生什么事情，都要主动和爸爸妈妈分享，因为如果是开心的事情，爸爸妈妈听到后也会感到开心，如果是不开心的事情，爸爸妈妈可以帮你想办法，陪你一起玩耍，让你变开心，所以一定要多表达自己的情感，多和家人进行情感交流。

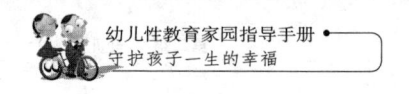

教学提示

讲解"乌鸦反哺"的故事时，也可以借助网络动画片或者故事书。

小结过渡

教师：小朋友们，我们已经知道家庭的主要功能有生产和消费、生育、抚养和教育、养老、休息和娱乐、情感交流。在家庭中，每一位家庭成员都是平等的，没有谁必须一直干活或享受别人的照顾，小朋友要做一些力所能及的家务事，与家人相互关心，学会照顾家人。

（五）知识点三：爱的表达

引导提问

教师：小朋友们，上节课老师布置的一个小任务，让你们回家后对家人说"我爱你"，你们有没有完成任务啊？完成任务的小朋友举个手让老师看看。（学生举手）

教师：小朋友们真棒，这么多小朋友都完成了，没有完成的小朋友，今天回家可以和爸爸妈妈说。

教师：下面我们来玩一个"爱的表达"小游戏吧，用"我爱……我爱……"造句，比如"我爱爸爸，我爱妈妈……"想一下你爱谁，然后举手。（学生回答）

教师：小朋友们都说得很好，有小朋友说"我爱爷爷，我爱妹妹……"小朋友真棒，除了说"我爱你"可以表达爱之外，还有什么方式能够表达爱呢？（学生回答）接下来我们一起学习一下吧！

知识点讲解

教师：表达爱的方式是多样的，有的时候家人、同学、朋友也许不会直接说"我爱你"，但是他们会有其他表达爱的方式，比如握握手、拥抱等。

教师：小朋友们，有人向你们表达过爱吗？他在向你表达爱的时候你的感受是什么？（学生回答）

教师：当别人向我们表达爱的时候我们往往都会感到很舒服、很开心。所以在生活中，别人所做的让小朋友们高兴的事情，大多就是他们表达爱的方式。那么小朋友们想想，有哪些表达爱的方式呢？（学生回答）

教师：表达爱的时候可以说"我爱你""谢谢""辛苦了"，还可以亲亲、抱抱，准备礼物，或者做力所能及的家务等。但是如果别人抱你、亲你，让你感觉不舒服，你就可以拒绝，也可以建议他换一个方式。如爷爷一见到你就亲你，他的胡子很扎人，你不舒服，然后你可以跟爷爷说："爷爷，我不喜欢你亲我，下次你可以握握我的手或者抱抱我。"

课堂小游戏

教师：接下来我们玩一个情景模拟小游戏，3人一组，假装你们是一家人，请小朋友们分组，表达对家人的爱。（学生轮流扮演每个角色）

教学提示

课堂小游戏部分采用情景模拟的方式，可3人一组，一个人扮演爸爸，一个人扮演妈妈，另一个人扮演小朋友，或者根据课堂人数来分组。每组学生轮流扮演每个角色。教师和助教都可以参与，引导学生表达爱。表演后，教师应该总结爱的表达方式，

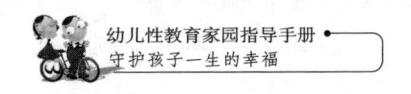

如拥抱、拉拉手、摸摸孩子的头等。本游戏较为简单，可以注意引导不善于表达的学生参与，锻炼其胆量与表达能力。

○ 小结过渡

教师：要记住，我们随时随地都可以向家人、同学、老师表达爱，这会让我们感到开心、快乐，所以在生活中我们要多多练习，让我们的生活充满爱。

（六）知识大闯关

○ 课堂小游戏

教师：相信小朋友们已经学会了今天的知识，下面老师想和大家一起玩闯关的游戏。如果你认为对，就双手向上举在头顶；如果你认为不对，就双手交叉举在胸前。（教师演示）

第一关：这是大家庭？（教师出示小家庭图片）（×）

第二关：爸爸出去挣钱给我们买好吃的，是体现了家庭的生产和消费功能。（√）

第三关：妈妈辅导孩子做作业，体现了家庭的抚养和教育功能。（√）

第四关：妈妈生下我们，体现了家庭的养老功能。（×）

第五关：爸爸轻轻捏我们的小脸蛋，是在向我们表达爱。（√）

教师：表达爱的方式是多样的，有的时候家人、同学、朋友也许不会直接说"我爱你"，但是他们会有其他表达爱的方式，爸爸轻轻捏我们的脸蛋也是爱我们的表现，但是如果小朋友不喜欢，可以拒绝，告诉爸爸换一种我们喜欢的方式。

教学提示

每个题目涵盖一个重要知识点，当学生回答后，对回答错误的问题要补充正确答案，巩固相关知识点。

（七）课堂小结

教师提问

教师：有小朋友愿意分享一下这节课老师都讲了哪些内容吗？（学生分享）

小　　结

教师：我们今天学习了家庭的类型有大家庭、小家庭、单亲家庭、重组家庭和其他家庭，还学习了家庭的主要功能，有生产和消费、生育、抚养和教育、养老、休息和娱乐、情感交流。最后我们学习了要和身边的人表达爱，表达爱的方式是多样的，我们可以说"我爱你""辛苦了""谢谢"等，还可以用行为表达，亲亲、抱抱、送礼物等。

课后作业

教师：请小朋友们回到家后用自己的方式向家人表达爱。

结束语

教师：我们今天的课就上到这里，感谢小朋友们的聆听！下节课我们的主题是性安全教育，小朋友们。再见。

第七课

认识隐私部位

教学目标

（1）知识：知道什么是隐私部位，男生女生的隐私部位有哪些，认识安全警报。

（2）技能：能用科学名称说出男生女生的隐私部位，能够辨别安全警报。

（3）情感与价值观：树立隐私观念和自我保护意识，知道隐私部位不能随便让别人看或者摸，尊重自己和他人的隐私。

教学准备

教学课件（PPT）、性教育娃娃教具 1 对、小娃娃 5～6 对（每组 1 对）、儿童防性侵视频。

教学过程

（一）课程介绍

教师：大家好，我是××老师，今天我要和大家一起来认识隐私部位。小朋友们还记得我们的课堂约定吗？123，坐坐好。（练习一遍）如果老师提问，小朋友要先举手，老师邀请了你再回答。对遵守约定并答对了的小朋友，老师有奖励哦！（教师和学生打招呼后，说明课程主题，然后复习课堂约定，方便课堂管理）

（二）主题导入

引导提问

教师：通过前面的课我们学习了男生女生的身体有什么不同，请两个小朋友和我们分享一下。（抽1男1女分享）下面我们一起来回顾一下吧！

知识点回顾

教师：男生的外生殖器官有哪些？（学生回答：阴茎、阴囊等）

教师：女生的外生殖器官有哪些？（学生回答：大阴唇、小阴唇、阴蒂等）

教师：男生的内生殖器官有哪些？（学生回答：睾丸等）

教师：女生的内生殖器官有哪些？（学生回答：阴道、子宫、卵巢等）

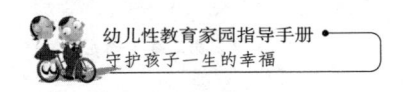

教学提示

配合教具或 PPT，采用一问一答的形式。容易理解和记忆的知识点只需简单复习。不好理解的知识点适当解释，帮助学生复习。

小结过渡

教师：小朋友们回答得都很棒！刚才我们回顾了男生和女生身体的主要区别是生殖器官不同，男生的生殖器官有阴茎、阴囊和睾丸等，女生的生殖器官有阴唇、阴道和子宫等。要注意我们的生殖器官是隐私部位，不能随便给别人看或者摸。老师想问大家一个问题，小朋友们知不知道我们的隐私部位在哪里？（学生回答）下面大家一起来了解隐私部位的相关内容吧！

（三）知识点一：认识隐私部位

引导提问

教师：小朋友们，大家看到桌上（或 PPT 图片）的 2 个小"娃娃"，想一想男生女生的身体有什么不同？男生女生尿尿的方式有什么不同呢？（出示性教育娃娃教具或图片，学生回答）

知识点讲解

教师：男生女生主要是生殖器官不同。男生是站着尿尿，因为男生的尿道口在阴茎头部，像个水龙头，长在身体外面，因此可以站着尿尿；女生是蹲着尿尿，因为女生的尿道口在阴部，藏在身体里面，蹲着尿尿才不会打湿裤子。

教师：你们知道什么是隐私部位吗？（学生回答）

教师：隐私部位是我们身体的秘密，是在公共场合里不能随便露出来的身体部位,是不能随便给人看或者摸的部位!也就是背心和短裤遮盖的部位。(出示遮挡隐私部位的图片,帮助学生巩固记忆)

○ 课堂小游戏

教师:下面我们来玩一个"指一指"小游戏。这里有两个小"娃娃",下面请几个小朋友们来指一指男生女生的隐私部位在哪里?(学生指认)

○ 知识点讲解

教师:隐私部位就是我们游泳的时候背心和短裤遮盖的部位,包括前面和后面。男生的隐私部位包括阴部、臀部,女生的隐私部位包括胸部、阴部、臀部。

○ 教学提示

配合教具或 PPT,请几个学生上台指认男生女生的隐私部位,然后教师再讲解。

○ 小结过渡

隐私部位和身体其他部位一样重要,平常要照顾和保护好它们。隐私部位是不能随便给人看或者摸的部位,我们也不能随便看或者摸别人的隐私部位,小朋友之间开玩笑也不可以。记住了吗?如果有人要看或者摸你的隐私部位,就要拉响安全警报。

(四)知识点二:认识安全警报

○ 引导提问

教师:小朋友们,安全警报是什么呢?让我们一起来看看这

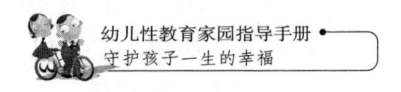

个视频吧。（播放学习安全警报的儿童防性侵视频）

○ 知识点讲解

教师：让我们一起来回忆一下，刚才的5个安全警报是什么？（学生回答）

（1）看看警报：就是有人让你把隐私部位给他看，或者让你看他或别人的隐私部位，或者让你看带有露出隐私部位的图片、影像视频。

（2）说说警报：就是有人说你的隐私部位，或者和你讨论隐私部位相关的事。

（3）摸摸警报：就是有人摸你的隐私部位，或者让你摸他的或者别人的隐私部位。

（4）一个人警报：就是自己一个人和陌生人待在一起，或者被其他人单独带去房间等地方。

（5）搂抱和亲吻警报：就是别人不经你的同意就使劲抱你或者亲吻你，让你感觉到不舒服、奇怪、别扭、不安全。

（五）知识大闯关

○ 课堂小游戏

教师：下面老师想和大家一起玩安全警报的闯关游戏。如果你认为对，就双手向上举在头顶；如果你认为不对，就双手交叉举在胸前。（教师演示）

第一关：你的同学或朋友让你脱掉裤子露出隐私部位给他看。（×）

教师：不可以，触发看看警报。裤衩是爸爸妈妈给你的小铠甲，脱掉了可能会被坏人伤害的。如果有人让你脱掉裤子露出小屁屁，一定要把这当作最最重要的事情告诉爸爸妈妈。

第二关：有人要摸你的隐私部位。（×）

教师：不可以，触发摸摸警报。如果有人要摸你的隐私部位，也一定要告诉爸爸妈妈。

第三关：爸爸妈妈给你洗澡的时候触碰到你的隐私部位。（√）

教师：可以，但是要注意。在我们小时候，爸爸妈妈在帮我们洗澡、洗屁股、换衣服或隐私部位不舒服进行检查的时候，可能触碰你的隐私部位，这些都是必要的身体触碰。不过，等我们学会了就要自己洗澡、洗屁股、穿衣服哦！

第四关：有人让你把隐私部位给他看，让你摸他的隐私部位。（×）

教师：不可以，触发看看警报和摸摸警报。我们的隐私部位不许别人看，也不许别人摸；同样的道理，别人的隐私部位我们也不能看、不能摸。如果你看了或者摸了别人的隐私部位，一定要把这当作最最重要的事情告诉爸爸妈妈。

教学提示

配合教具、PPT、图片、视频等，采用一问一答的形式，教师先介绍一下每个场景，学生判断，然后教师再讲解。每个题目涵盖一个重要知识点，对学生回答错误的问题补充正确答案，巩固相关知识点。

小结过渡

教师：小朋友们回答得都很棒。要记住，如果触发了安全警报，一定要勇敢拒绝，然后告诉爸爸妈妈或者其他信任的人！

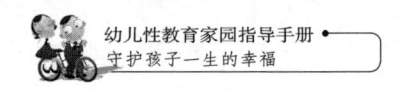

（六）课堂小结

> 教师提问

教师：有小朋友愿意分享一下这节课老师都讲了哪些内容吗？（学生分享）

> 小　　结

教师：今天我们学习了什么是隐私部位，隐私部位就是在公共场合里不能随便露出来的身体部位，不能随便让别人看或者摸，我们也不能随便看或者摸别人的隐私部位。隐私部位和身体的其他部位一样都很重要，我们一定要照顾和保护好它们。今天还学习了5个安全警报，它们分别是看看警报、摸摸警报、说说警报、一个人警报、搂抱和亲吻警报，大家要记牢！

> 课后作业

小朋友们回去记得分享给爸爸妈妈今天学习的5个安全警报！

> 结束语

教师：我们今天的课就上到这里，感谢小朋友们的聆听！下节课我们将一起学习如何拒绝不好的身体触碰，小朋友们，再见。

第八课

拒绝不好的身体触碰

教学目标

（1）知识：知道什么是好的、什么是不好的身体触碰，什么是必要的身体触碰；了解身体安全法则。

（2）技能：能够辨别好的与不好的身体触碰，能够应用身体安全法则保护自己。

（3）情感与价值观：知道我的身体我做主，不好的身体触碰要拒绝，也不能侵犯别人的身体，树立自我保护意识。

教学准备

教学课件（PPT）、性教育娃娃教具1对。

教学过程

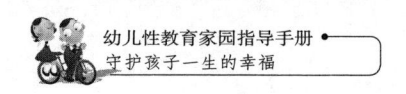

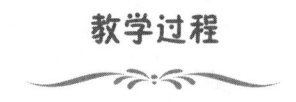

（一）课程介绍

教师：大家好，我是××老师，今天我要和大家一起来学习如何拒绝不好的身体触碰。小朋友们还记得我们的课堂约定吗？123，坐坐好。（练习一遍）如果老师提问，小朋友要先举手，老师邀请了你再回答。对遵守约定并答对了的小朋友，老师有奖励哦！（教师和学生打招呼后，说明课程主题，然后复习课堂约定，方便课堂管理）

（二）主题导入

○ 引导提问

教师：小朋友们，上节课我们学习了隐私部位和5个安全警报，有小朋友愿意主动和大家分享一下吗？（学生分享）

教师：小朋友回答得真棒。下面大家一起来回顾一下之前我们学习的内容吧！

○ 知识点回顾

教师：隐私部位是什么？（学生回答）

教师：隐私部位是指背心和短裤覆盖的地方，包括前面和后面，是不能随便让别人看或者摸的部位。我们也不能随便看或者摸别人的隐私部位，小朋友之间开玩笑也是不可以的。

教师：男生和女生的隐私部位有哪些？（学生回答）

教师：男生的隐私部位包括阴部、臀部，女生的隐私部位包括胸部、阴部、臀部。

　　教师：安全警报有几个？它们是什么？（学生回答）

　　教师：安全警报有 5 个，分别是看看警报、摸摸警报、说说警报、一个人警报、搂抱和亲吻警报。

● 教学提示

　　配合教具或 PPT 图片进行讲解。让学生自己举手，教师选 1~2 个学生起来分享，然后教师小结。

● 小结过渡

　　教师：隐私部位是我们身体的秘密，就是我们游泳时泳衣遮住的部位，平常要注意保护隐私部位，想一想是不是有安全警报！老师想问大家一个问题，隐私部位不能让别人随便触碰，那我们身体的其他部位别人可以随便触碰吗？（学生回答）

　　下面让我们一起来了解一下这个内容吧！

（三）知识点一：身体触碰

● 引导提问

　　教师：小朋友们，你们知道什么是好的身体触碰、什么是不好的身体触碰吗？（学生回答）

　　教师：老师想邀请 1 个小朋友上台和老师一起表演，大家判断一下是好的还是不好的身体触碰呢？愿意上台的小朋友请举手。（教师要注意邀请与自己相同性别的学生）

● 情景模拟 1

　　教师：（教师握握学生的手，说）你这节课课堂表现很好，

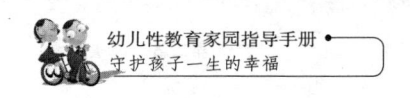

(然后轻轻拍一下学生的肩膀,问表演的学生)老师和你的这个身体触碰,是好的还是不好的呢?(学生回答)

教师:(教师问其他学生)老师握握小朋友的手,拍拍他/她的肩,你们觉得是好的还是不好的身体触碰呢?(学生回答)

下面我们继续表演。

情景模拟 2

教师:(教师给学生描述场景)下面这个表演可能会让你不舒服,你愿意配合老师继续表演吗?(学生回答)你演小朋友,我们一起表演在公交车上有人故意摸小朋友。(开始表演,从摸手、肩膀再到背,如果学生明显拒绝了,就结束表演,如果学生不敏感,最后落到屁股。表演结束后问表演的学生)这是好的还是不好的身体触碰呢?(学生回答)刚才老师摸你有没有让你感到不舒服、不安全?(学生回答)谢谢你的配合。

教师:(问其他学生)你们觉得这样的身体触碰是好的还是不好的?(学生回答)

知识点讲解

教师:如果有人触碰到你的身体,让你感到安全、舒适、熟悉,就是好的身体触碰。(展示好的身体触碰图片)例如,和小伙伴初次见面时握握手,平常和小朋友手拉手玩耍,你的家人拥抱、亲吻你,这些都是好的身体触碰,这些都是可以做的。

教师:如果有人触碰到你的身体,让你感觉到不舒服、奇怪、别扭、不安全,就是不好的身体触碰。(展示不好的身体触碰图片)例如,有人打你,有人使劲抱你、亲吻你,让你不舒服,或者故意摸你的隐私部位,这些都是不好的身体触碰,我们要勇敢拒绝,然后告诉家长、老师或者其他信任的人。

教师:有同学扯你的头发,让你感到了疼痛和不舒服,这是

好的还是不好的身体触碰呢？（学生回答）

教师：同学扯我头发，是不好的身体触碰，虽然没有涉及隐私部位，但只要让我感到了不舒服，就是不好的身体触碰。面对这样的触碰，我们要勇敢拒绝，告诉他："我不喜欢这样，请你不要再这样，因为我的身体我做主。"（教师引导学生读一遍"我的身体我做主"，让学生记住这句话）

教师：有个阿姨觉得你可爱，摸你的脸蛋，让你感到了开心和愉悦，这是好的还是不好的身体触碰呢？（学生回答）

教师：阿姨摸我的脸蛋，我感到开心和愉悦，这是好的身体触碰。像这样开心的触碰，我们可以分享给爸爸妈妈。

○ 教学提示

教师在进行情景模拟时，要注意上文中括号里面是教师要做的动作，教师要把自己所扮演的角色提前告诉学生，表演完毕要表示感谢，如果学生不愿意表演不好的身体接触行为，教师可以用"佳佳""威威"代替。配合PPT里面的图片，讲解好的和不好的身体触碰。

○ 小结过渡

教师：现在大家都知道哪些是好的、哪些是不好的身体触碰。要注意，只要涉及隐私部位或者触犯了安全警报的触碰，就是不好的身体触碰。但是在生活中，也有一些必要的身体触碰，让我们一起来看看吧。

（四）知识点二：必要的身体触碰

○ 引导提问

教师：小时候，爸爸妈妈或者其他家人给你洗澡、洗屁股，

摸到了你的隐私部位,这是好的还是不好的身体触碰呢?(学生回答)

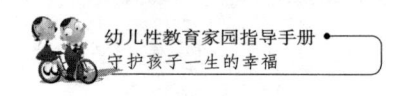

教师:在妈妈的陪同下,医生给你检查身体,触摸到了你的隐私部位,这是好的还是不好的身体触碰呢?(学生回答)

知识点讲解

教师:小时候,需要爸爸妈妈或者其他家人帮你洗澡、洗屁股、穿衣服,爸爸妈妈触碰到了你的隐私部位,这些是必要的身体触碰。等你长大后,学会了自己洗澡、洗屁股、穿衣服,爸爸妈妈或者其他家人也就不能随意碰你的隐私部位了。

教师:如果你生病了,医生给我们检查身体或者给我们打针的时候,会触碰到你的隐私部位,这是必要的诊疗行为。但要注意,在医生给你检查身体的时候,一定要有家长陪在你身边,如果家长没在,那么这些触碰也是不可以的。

教学提示

配合PPT,采用引导提问的方式讲解,重要的地方可重复强调。

小结过渡

教师:上面举了这么多好的和不好的身体触碰的例子,相信小朋友们都已经分得清楚了。除了隐私部位以外的身体触碰,只要让你感到不安全、奇怪、不舒服,就是不好的身体触碰。面对这样的身体触碰,我们要勇敢拒绝,告诉他:"我不喜欢这样,请你不要再这样!"因为我们都有身体权,我的身体我做主(引导学生说出口号)。

（五）知识点三：身体安全法则

◦ 课堂小游戏与知识点讲解

教师：下面老师想和大家一起玩身体安全法则的闯关游戏。如果你认为图片中的行为是可以的，就双手向上举在头顶；如果你认为是不可以的，就双手交叉举在胸前。（教师演示）

第一关：上厕所、洗澡、穿衣服时不用关门。（×）

法则1：上厕所、洗澡、穿衣服时关上门！

第二关：可以光着身子和小朋友或大人一起玩。（×）

法则2：和朋友或大人一起玩的时候，要穿衣服！

第三关：别人不能给我的隐私部位拍照。（√）

法则3：不允许别人给我的隐私部位拍照！

第四关：别人不能摸我的隐私部位。（√）

法则4：不允许别人摸我的隐私部位！

第五关：我可以看或者摸别人的隐私部位。（×）

法则5：我也不能看或者摸别人的隐私部位！

第六关：如果有人看或者摸我的隐私部位，马上说不，勇敢拒绝。（√）

法则6：如果有人要看或者摸我的隐私部位，马上说不并离开，告诉爸爸妈妈！

第七关：如果有人破坏了这些规则，不告诉爸爸妈妈。（×）

法则7：如果有人破坏了这些规则，马上告诉爸爸妈妈！

第八关：可以对家里人保守秘密。（×）

法则8：不对家里人保守秘密！

◦ 教学提示

每个题目涵盖一个身体安全法则，教师先提问，学生回答

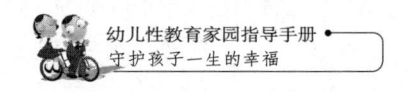

后，教师再强调相关法则，注意对于错误的说法可以先问一问学生该怎么做。最后带领学生一起大声朗读一遍身体安全法则。

小结过渡

教师：我们身体的安全法则有8条。

（1）上厕所、洗澡、穿衣服时关上门！

（2）和朋友或大人一起玩的时候，要穿衣服！

（3）不允许别人给我的隐私部位拍照！

（4）不允许别人摸我的隐私部位！

（5）我也不能看或者摸别人的隐私部位！

（6）如果有人要看或者摸我的隐私部位，马上说不并离开，告诉爸爸妈妈！

（7）如果有人破坏了这些规则，马上告诉爸爸妈妈！

（8）不对家里人保守秘密！

记住了吗？让我们一起来读一遍吧。（师生朗读）

（六）课堂小结

教师提问

教师：有小朋友愿意分享一下这节课老师都讲了哪些内容吗？（学生分享）

小　结

教师：好的身体触碰会让我们感到安全、舒适、熟悉，不好的身体触碰会让我们感到不舒服、奇怪、别扭、不安全。不管什么时候，只要是涉及隐私部位或者触犯了安全警报的触碰，就要想一想是不是不好的身体触碰。发现不好的身体触碰要勇敢拒绝，因为"我的身体我做主"，同时我们也不能侵犯别人的身体。

小朋友们一定要记住!

课后作业

教师:回家给家长分享一下今天学习了哪些身体安全法则,并讨论一下遇到危险时怎样保护自己。

结束语

教师:我们今天的课就上到这里,感谢小朋友们的聆听!下节课我们将一起学习如何保护自己,小朋友们,再见。

第九课

学会保护自己

教学目标

（1）知识：了解性侵害的概念和类型，学会如何分辨和防范性侵害；知道应用识别、拒绝、离开和告知"四步法"来保护自己。

（2）技能：能够识别并拒绝不好的身体触碰，用"四步法"保护自己，与父母或者其他信任的大人沟通。

（3）情感与价值观：树立保护自己、预防性侵害的意识，意识到所有形式的性侵害都是错误的，熟人也可能会侵害我们，遭受性侵害不是受害者的错。

教学准备

教学课件（PPT）、性教育娃娃教具、身体触碰图片9张。

教学过程

（一）课程介绍

教师：大家好，我是××老师，今天我要和大家一起来学习怎样保护自己。小朋友们还记得我们的课堂约定吗？123，坐坐好。（练习一遍）如果老师提问，小朋友要先举手，老师邀请了你再回答。对遵守约定并答对了的小朋友，老师有奖励哦！（教师和学生打招呼后，说明课程主题，然后复习课堂约定，方便课堂管理）

（二）主题导入

◦ 课堂小游戏

教师：小朋友们，上课前，让我们玩个"身体对对碰"的游戏吧。两个小朋友一组，老师说出一个指令，如老师说："好朋友，碰一碰，碰哪里，碰碰头。"如果小朋友都愿意，就碰碰对方的头，如果不愿意就将双手交叉举在胸前。（教师和助教先演示，然后分组开始游戏。可举例：手、脚、肩膀、膝盖、脸、胸等）

◦ 引导提问

教师：看来小朋友都很喜欢这个游戏。小朋友们，上节课我们学习了好的和不好的身体触碰，大家还记得吗？下面老师出几个问题考考你们。

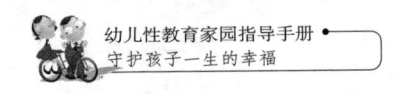

○ 知识点回顾

教师（问题1）：比赛成功后，我与小伙伴快乐击掌，这是好的还是不好的身体触碰呢？（学生回答）

这是好的身体触碰。这里的击掌是我们在分享快乐，那些让我们感到开心快乐的事情都可以通过好的身体触碰来分享，分享给爸爸妈妈以及任何你喜欢的人。

教师（问题2）：同学揪我的辫子，这是好的还是不好的身体触碰呢？（学生回答）

这是不好的身体触碰。遇到这种情况，我们首先要表示明确的拒绝，"不要揪我的辫子"，然后马上离开，并告诉老师或者家长，说有人欺负你。因为我的身体我做主，我不愿意，你就不可以碰我。

教师（问题3）：我在课堂上积极回答问题，老师轻轻摸了一下我的头，表扬了我，我很开心。这是好的还是不好的身体触碰呢？（学生回答）

这是好的身体触碰。这里老师摸了一下我的头，这是一种表扬。

教师（问题4）：公交车上，有人故意摸我的身体让我不舒服，这是好的还是不好的身体触碰呢？（学生回答）

这是不好的身体触碰。当我们发现有人故意摸我们的身体，让我们感到不舒服的时候，一定要学会拒绝，赶紧走开，然后告诉家长或者其他信任的人。

○ 教学提示

采用一问一答的形式，每一个例子说完后都先问：这是好的还是不好的身体触碰？让学生判断。学生回答后教师再问：如果遇到这种事情应该怎么做？然后请学生回答，最后总结。

小结过渡

教师：总之，好的身体触碰或者是一些令我们开心的事情我们可以去做，也可以告诉我们喜欢的人，和他们分享我们的喜悦。但是如果涉及隐私部位或者触犯了安全警报，让我们感到不安全、不舒服，就是不好的身体触碰，我们一定要勇敢坚定地拒绝，并及时告诉自己的家长或者其他信任的大人。因为不好的身体触碰如果不及时制止，可能会给我们带来伤害，甚至可能是性侵害。下面让我们一起来学习相关的内容吧。

（三）知识点一：如何辨别性侵害

引导提问

教师：小朋友们知道什么是性侵害吗？（学生回答）

知识点讲解

教师：不管是陌生人还是熟人，只要别人对你做了不必要的故意涉及隐私部位和安全警报的事情，都属于性侵害。性侵害包括身体接触性性侵害和非身体接触性性侵害两种形式。

课堂小游戏

教师：下面老师想和大家一起玩闯关的游戏，我们来看一组图片，一起看看上面的做法对不对。如果你认为对，就双手向上举在头顶；如果你认为不对，就双手交叉举在胸前。（教师演示）

第一关：这个人在摸女孩的胸部和外阴。（×）

第二关：这个人在摸男孩的生殖器。（×）

第三关：别人让我们触碰他的隐私部位。（×）

第四关：有人让我们摸别人的或者自己的隐私部位。（×）

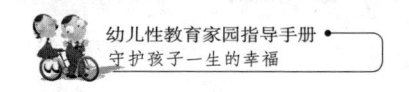

教师：这些都是不对的，任何人，不管是陌生人还是熟人或者亲人，如果故意做了不必要的触碰我们的隐私部位的行为，或者让你摸他的隐私部位，都触发了摸摸警报，都属于身体接触性性侵害。小朋友们记住了吗？

第五关：有人让我们看他的生殖器官。（×）

第六关：有人让我们观看有裸露身体的影像视频、画报或书籍。（×）

第七关：有人让我们裸露隐私部位拍照片发给他。（×）

教师：这些都是不对的，都属于非身体接触性性侵害。虽然坏人没有触碰到我们的隐私部位，但是触发了看看警报，也属于性侵害。我们平时一定要高度警惕。

教学提示

配合PPT讲解，采用一问一答的形式，每一个例子介绍完后都先问这样做对不对，让学生先判断，教师再讲解。

小结过渡

教师：刚才我们认识了什么是性侵害以及性侵害的形式，凡是没必要地故意看或者摸我们的隐私部位，或者他人让我们看或者摸他的或别人的或我们自己的隐私部位，都属于性侵害。那我们在生活中应当如何防范性侵害，如何保护自己呢？

（四）知识点二：防范性侵害

引导提问

教师：有小朋友知道如何防范性侵害吗？（学生回答）

知识点讲解

教师：防范性侵害可以采用"四步法"：①识别；②拒绝；③离开；④告知。让我们一起来学习吧。

（1）识别：想一想，身体触碰是否涉及隐私部位？是否触发了安全警报？是否让你感到了不舒服？如果是的话就要拉响安全警报。

（2）拒绝：如果是在公共场合，可以大声地对对方说"不！""不可以！""不行！""请你不要再摸我！"我们可以大声地哭、喊，寻求周围大人的帮助。如果是单独相处，我们可以想办法拒绝，注意坏人是可以骗的。小朋友们，你们能想到哪些骗坏人从而帮助自己逃脱的方法呢？（学生回答）

教师：我们可以骗坏人说"现在不行，我要上厕所/买吃的"等，再找机会跑开。

（3）离开：生命是最重要的，如果有逃脱的机会，就赶紧往人多的地方跑！我们可以骗坏人，并想办法离开。但是如果坏人特别强大，我们反抗不了，我们就先顺从他，悄悄记住坏人的长相特征，等到安全了，再赶紧把事情告诉爸爸妈妈或者其他信任的大人。

（4）告知：你可以向周围的大人求助，让他们帮忙报警。当我们跑到安全的地方之后，一定要在第一时间把事情的经过告诉爸爸妈妈或者其他你信任的大人，让家人帮忙防范。万一被坏人侵犯了，要记住，这不是你的错，是坏人的错，我们要尽快告诉爸爸妈妈或者其他信任的人，让他们马上报警，帮助警察尽快抓住坏人！

教学提示

配合PPT讲解，在适当的地方可以提问，如哪些是公共场

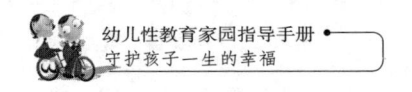

合，哪些情况下可能会单独跟坏人在一起，增加与学生的互动。

小结过渡

识别、拒绝、离开、告知就是防范性侵害的"四步法"。小朋友们，都记住了吗？

（五）情景表演

相信小朋友都记住了这堂课的知识。下面让我们一起来运用刚才所学的知识进行情景表演吧。

1. 每次邻居爷爷来我家做客都会亲我，但他的胡须扎得我很不舒服

教师：你可以严肃地对邻居爷爷说："爷爷，不要亲我，我知道你是因为喜欢我才会亲我，但是你的胡须扎得我不舒服，我不喜欢你这样。爷爷，我知道你很喜欢我，我也很喜欢你，我们以后可以用握手来表达喜欢。"

2. 在医院病房，牙医叔叔趁着妈妈出去了，用手在我的胸口乱摸

教师：①识别——本来是看牙齿的，他却摸到了胸部。胸部是隐私部位，而且妈妈也不在这里，所以触发了摸摸警报和一个人警报，这就是不好的身体触碰。②拒绝——大声地对他说："你不要再摸我了。"③离开——马上离开，去找爸爸妈妈，如果牙医叔叔不让你离开，你可以大哭大喊，引起病房外面的人的注意。④告知——将这件事告诉爸爸妈妈或者其他你信任的大人。

3. 同学揪我的辫子

教师：遇到这种情况，首先我们要大声地说："你不能揪我的辫子，这样做是不对的，是不尊重我。"然后马上离开，并告诉老师或者家长，说有人欺负你，寻求他们的帮助。记住：每个人都有身体权，我的身体我做主。

4. 公交车上,有人故意摸我的屁股

教师:①识别——他触摸到了你的隐私部位,触发了摸摸警报,这就是不好的身体触碰。②拒绝+离开——当他摸你屁股,让你感觉不安全的时候,你要赶紧走开;如果他又来摸你的屁股,你就大声说:"你干什么?不要摸我的屁股!"③告知——如果家长在旁边就要立刻告诉家长;如果只有你一个人,你可以向旁边的大人求助,回家以后再告诉家长或者其他信任的人。

5. 邻居阿姨对我说:"小朋友,阿姨给你糖果,给你买玩具,或者给你钱,你让我摸摸你的屁股吧!"

教师:①识别——她这是想触摸你的隐私部位,触发了说说警报,可能会发生不好的身体触碰。②拒绝——对她大声说:"不,不可以!你不能这样,我不会让你触摸我的隐私部位。"③离开——马上离开,跑到安全的地方,以后离她远点。④告知——你可以向周围的大人求助或者回家以后将这件事的详细经过告诉你的爸爸妈妈或者其他信任的人。

6. 公园里有人让我看他的隐私部位

教师:隐私部位是我们身体的秘密,我们要好好保护它们,不能随便给别人看或者摸,当然也不能随便看他人的隐私部位。所以如果有人让我们看他的隐私部位,我们可以假装没看见,然后赶紧离开,跑到安全的地方去,最后告诉给爸爸妈妈或信任的人。

7. 比赛成功后,我愉快地与伙伴击掌

教师:这既是好的身体触碰,也是令人开心的事情,我们可以将它分享给我们的朋友和家人。

8. 我用手机看动画片时,弹出暴露隐私部位的广告

教师:这触发了看看警报。我们不要点手机弹出的广告。因为带有隐私部位图片的广告或者视频都不适合我们观看。

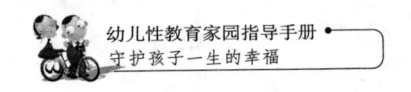

9. 我在课堂上积极回答问题，老师轻轻摸了一下我的头，表扬了我

教师：这既是好的身体触碰，也是令人开心的事情，我们可以将它分享给我们的朋友和家人。

○ 教学提示

教师可以根据实际情况，选取事先准备好的9张身体触碰图片中合适的情景，教师和助教先演示，然后分组，每个组选一个场景表演。注意：每个小组的学生表演后，教师需讲解每种情景的正确处理方式。

（六）课堂小结

○ 教师提问

教师：有小朋友愿意分享一下这节课老师都讲了哪些内容吗？（学生分享）

○ 小　结

教师：今天我们学习了什么是性侵害，凡是没必要地故意看或者摸我们的隐私部位，或者他人让我们看或者摸他的、别人的或我们自己的隐私部位，都属于性侵害。要记住防范性侵害"四步法"：①识别；②拒绝；③离开；④告知。识别时，我们要分辨触碰是否涉及隐私部位，是否触发安全警报，是否让你感到不舒服，拒绝时，我们要大声地对对方说："不！""不可以！""不行！""请你不要再摸我！"离开时，要记住生命是最重要的，如果有逃脱的机会，赶紧往人多的地方跑！如果逃不掉，默默记住坏人的长相。最后是告知，就是你可以向周围的人求助，或者回家后第一时间把事情告诉爸爸妈妈或者其他信任的人，让他们帮忙报警!

课后作业

教师:回家之后给爸爸妈妈分享"四步法"。

结束语

教师:我们今天的课就上到这里,感谢小朋友们的聆听!下节课的主题是我们的外貌,小朋友们,再见。

第十课

我们的外貌

教学目标

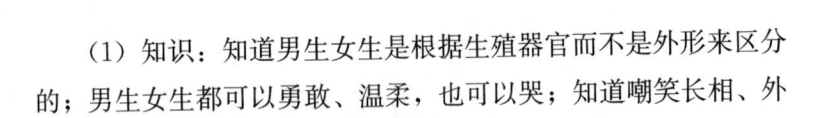

（1）知识：知道男生女生是根据生殖器官而不是外形来区分的；男生女生都可以勇敢、温柔，也可以哭；知道嘲笑长相、外貌、性格和自己不一样的人是不对的。

（2）技能：能辨别性别，能正确说出外貌如发型、穿着和性格等不能作为判断性别的依据；能够在穿衣打扮上表达自己的喜好。

（3）情感与价值观：每个人的外貌、性格都是独一无二的，要尊重每个人，同时悦纳自己。

教学准备

教学课件（PPT）、性教育娃娃教具1对、男女宝宝的衣服帽子和发型3~4套（也可为卡通贴纸或图片）。

教学过程

（一）课程介绍

教师：大家好，我是××老师，今天我要和大家一起来认识我们的外貌。小朋友们还记得我们的课堂约定吗？123，坐坐好。（练习一遍）如果老师提问，小朋友要先举手，老师邀请了你再回答。对遵守约定并答对了的小朋友，老师有奖励哦！（教师和学生打招呼后，说明课程主题，然后复习课堂约定，方便课堂管理）

（二）主题导入

引导提问

教师：上节课我们学习了如何保护自己。哪个小朋友愿意来和大家分享一下呀？（学生分享）

教师：小朋友回答得非常好。下面让我们一起来回顾之前学过的内容吧！

知识点回顾

教师：我们前面几节课学习了性安全教育的内容，小朋友们还记得吗？我会问你们几个简单的问题，小朋友们一起回答好不好？

男生女生的隐私部位有哪些？（学生回答）

教师：男生的隐私部位包括阴部、臀部，女生的隐私部位包括胸部、阴部、臀部。

5个安全警报分别是什么？（学生回答）

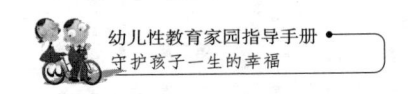

教师：分别是看看警报、说说警报、摸摸警报、一个人警报、搂抱和亲吻警报。

小朋友们还记得什么是性侵害吗？（学生回答）

教师：凡是没必要地故意看或者摸我们的隐私部位，或者他人让我们看或者摸他的、别人的或我们自己的隐私部位，都属于性侵害。

那小朋友们知道如何防范性侵害吗？（学生回答）

教师：防范性侵害可以采用"四步法"：①识别；②拒绝；③离开；④告知。

教学提示

采用一问一答的形式，帮助学生复习，重点回顾核心知识点，讲解"四步法"时，教师可以适当解释。

小结过渡

教师：小朋友们回答得都很棒，身体是我们的好朋友，我们一定要记得照顾和保护好它，不能让坏人伤害我们！好了，我们一起回顾了如何保护自己，如何让自己更加安全。今天我们将要聊一个新的话题。

（三）知识点：我们的外貌

引导提问

教师：老师想问问大家，当小宝宝出生的时候，医生会告诉爸爸妈妈你是男孩还是女孩，那医生是怎么判断小宝宝是男孩还是女孩的呢？（学生回答）

教师：医生是根据宝宝的外生殖器官判断的，有阴茎的是男生，有阴道的是女生，这是我们的生理性别，它是不会改变的。

接下来请小朋友们想一想，男生和女生除了生殖器官不同以外，还有什么不同呢？（学生回答）

○ 课堂小游戏

教师：接下来，我们一起来玩个游戏吧。这里有两个"娃娃"，一个是男孩，一个是女孩，让我们来帮他们搭配上喜欢的衣服吧！（出示衣服、帽子和发型的图片，教师演示，学生挑选并搭配）。

教师：好的，小朋友们都很喜欢玩这个搭配游戏，后面还有机会玩。

○ 教学提示

教师在游戏过程中要观察学生的衣着搭配，如果发现学生只给女孩穿裙子，可以询问学生男孩可以穿裙子吗。如果游戏中发现有学生给男孩搭配了裙子，可以追问学生这样搭配的原因，引出下面的话题。

○ 知识大闯关与知识点讲解

教师：下面老师想和大家一起玩闯关游戏。如果你认为对，就双手向上举在头顶；如果你认为不对，就双手交叉举在胸前。（教师演示）

第一关：男生不可以留长发，女生不可以剃光头。（×）

教师：大家看看这些图片，这些图片上是什么呀？你们在这些图片上看到了什么呀？（教师出示男生扎辫子、女生剃光头的图片，学生回答）

教师：男生可以留长发或者扎辫子，女生也可以剃光头。其实，在古代男孩都是留长发的，而且每个时代人们喜欢的发型还可能不同，现在也有男孩扎辫子或者留长发的，女生也有留短

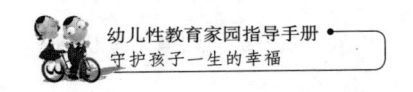

发、剃光头的。所以每个人喜欢的发型可以是不同的。

第二关：从衣服可以判断是男生还是女生。（×）

教师：衣服是多种多样的，有些是民族服饰，有些是个人的爱好，每个人穿什么是自己的自由，但穿衣服要和场合相匹配。大家看看这两张图片，有没有小朋友知道这是什么裙子呀？（教师出示男生穿苏格兰裙的图片，学生回答）

教师：这些男孩都穿着裙子。这个裙子叫苏格兰裙，在地球上有一个地方叫苏格兰，这个裙子是他们民族的传统服饰，是专门给男性穿的。一般在比较正式的场合穿，如毕业典礼上可以穿。随意的场合不用特别注意，苏格兰男孩子在大街上只穿衬衫和裙子的也有。但是在隆重的场合要穿全套，包括鞋子、袜子、裙子、马甲、西服、领结或领带，肩上有时还搭个披巾，以及腰上的挂包，还有帽子。

大家再看看这两张图片，有没有小朋友知道这是什么服饰呀？（教师出示男生穿汉服的图片，学生回答）

教师：图片上的男孩穿的是汉服，汉服是中国古代的一种传统服饰，有很悠久的历史了。

教师：通过老师上面的讲解，小朋友们懂了吗？不能根据衣服来判断一个人是男生还是女生。（学生回答）

教师：有人看到男孩子穿裙子或者穿粉色衣服就嘲笑他，这样做对吗？（学生回答）

教师：下面老师给大家分享一个小故事，请小朋友们一起帮忙给故事中的小朋友想想办法，好吗？（学生回答）

教师：冬冬是个充满好奇心的小男孩，有一天，他看到姐姐穿了一条新裙子觉得很漂亮、很喜欢，于是他就给爸爸妈妈说他也想穿裙子去上学。爸爸妈妈有些担忧和犹豫，他们担心冬冬穿裙子会受到别人的嘲笑和议论。但是，冬冬非常坚持，他说："我只是想试一试，看看穿裙子是什么感觉。"看到冬冬如此坚定，爸爸妈妈最终勉强同意了。他们告诉冬冬，可以尝试穿裙子，但也要理解其他人的看法和选择。冬冬欣然接受了他们的建议，他穿上裙子后，感到既兴奋又新奇。第二天，冬冬穿着裙子去学校，同学们看到了，都笑话他，说男生不可以穿裙子，只有女生才可以穿，一时间冬冬感到既尴尬又难过，他该怎么办呢？（学生回答）

教师：有的小朋友说他应该……有的小朋友说他可以……小朋友们都说得很好！如果冬冬真的喜欢穿裙子，他可以坚持自己的选择，并且告诉笑话他的同学这是不对的，每个人都有选择权，我们应该尊重别人的选择。小朋友们都不应该嘲笑他人，任何人都值得被尊重，但并不是每个人都明白这个道理。因此我们要有勇气去接受别人有不一样的感受。

第三关：男生女生都可以温柔。（√）

教师：小朋友们，想一想，你们的妈妈有没有温柔的时候呢？（学生回答）

教师：那你们的爸爸或者哥哥，他们有没有温柔的时候呢？（学生回答）

教师：小朋友们都分享得很好，温柔并不是女孩才有的，男孩也可以温柔，温柔的男孩会受到更多人的喜爱。

第四关：男生女生都可以勇敢。（√）

教师：这是对的，坚强和勇敢并不是男孩才有的，女孩也应该坚强和勇敢。

第五关：男生是男子汉，不可以哭。（×）

教师：哭是一种发泄我们不好情绪的方式，当我们感到很难过、很不舒服的时候，我们是可以哭的，因为哭过后，可能会让我们感到舒服一些。所以男孩是可以哭的，不丢人。但是，我们也要知道哭过之后要去解决问题，我们要告诉爸爸妈妈为什么哭，我们是哪里难受或者哪里不舒服，要想办法解决问题，我们

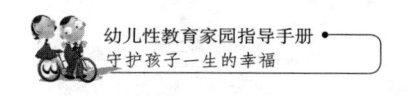

才会真正地开心起来。小朋友们知道了吗？（学生回答）

教学提示

每一关都可以采用一问一答的方式进行。本课堂是将知识大闯关与知识点讲解合为一体，能让学生在游戏中学到知识，增加其积极性的同时，使其更好地理解知识点。在每一个大闯关之后的知识讲解环节，教师要多以提问的方式与学生互动，而且需要强调在尊重别人的同时也要尊重自己。尤其是在第一、二关中，我们需要强调尊重自己的选择的同时，也要做好被别人嘲笑的心理准备，展开讨论后，归纳出任何人都不应该嘲笑他人，任何人都值得被尊重。在第四关中，可以举出孩子们都知道的著名女英雄、女警察、女医生、女宇航员等的具体例子。在第五关中，我们说哭是可以的，但是要强调怎么才能解决问题。

（四）课堂小结

教师提问

教师：有小朋友愿意分享一下这节课老师都讲了哪些内容吗？（学生分享）

小　结

教师：男生女生是根据生殖器官来区分的。我们不能通过外貌、性格来判断一个人的性别。不能因为一个人穿裙子我们就说这个人是女生，一个人是短发就说这个人是男生。每个人喜欢的发型和衣服都不同，我们要尊重别人不同的外貌，同时要悦纳自己，每个人都是独一无二的，即使别人不喜欢你，你也要喜欢你自己，让自己开心快乐，不需要让每个人都喜欢你，做自己就好。男生女生都可以温柔，也可以勇敢；男生女生都可以哭，不过哭不能解决问题,要告诉别人你的想法,想办法面对困难和挫折。记住:每个人都是独一无二的,都值得被尊重。

课后作业

教师:回家之后跟爸爸妈妈分享一下今天的收获,同时也可以讨论一下自己喜欢的衣服、发型等。

结束语

教师:我们今天的课就上到这里,感谢小朋友们的聆听!下节课我们将一起认识我们的兴趣爱好,小朋友们,再见。

第十一课

我们的兴趣爱好

教学目标

（1）知识：认识到性别不能限制每个人的兴趣爱好，每个人都可以选择自己喜欢的玩具、运动项目等。

（2）技能：学会表达自己的兴趣爱好，懂得分享（玩具、零食等）、拒绝和尊重。

（3）情感与价值观：意识到每个人可以有自己的兴趣爱好，都有表达自己喜好的权利，尊重别人和自己不同的兴趣爱好。

教学准备

教学课件（PPT）、兴趣爱好的卡片（也可以是玩具、图片或卡通贴纸）。

教学过程

（一）课程介绍

教师：大家好，我是××老师，今天我要和大家一起来认识我们的兴趣爱好。小朋友们还记得我们的课堂约定吗？123，坐坐好。（练习一遍）如果老师提问，小朋友要先举手，老师邀请了你再回答。对遵守约定并答对了的小朋友，老师有奖励哦！（教师和学生打招呼后，说明课程主题，然后复习课堂约定，方便课堂管理）

（二）主题导入

引导提问

教师：上节课我们学习了我们的外貌。哪个小朋友愿意来和大家分享一下我们学习了哪些内容呢？（学生分享）

教师：小朋友分享得非常好。下面让我们一起来回顾之前学过的内容吧！

知识点回顾

教师：老师想问小朋友们几个问题，小朋友们一起回答，好不好？

教师：男生可以穿裙子吗？（学生回答）

教师：女生可以剃光头吗？（学生回答）

教师：男生可以温柔吗？（学生回答）

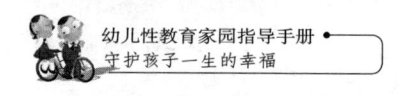

教师：女生应该勇敢吗？（学生回答）

教师：男生可以哭吗？（学生回答）

教师：男生女生都可以穿裙子、留长发，都可以温柔、勇敢，都可以哭，但是哭了以后该怎么办？（学生回答）

教师：我们要告诉爸爸妈妈或老师为什么哭，哪里难受或者哪里不舒服，要想办法解决问题，我们才会开心起来。

○ 教学提示

采用一问一答的形式，学生每回答一个问题后，教师需再次强调一遍该知识点以加深记忆，配合 PPT 展示的图片帮助学生复习，回顾核心知识点。

○ 小结过渡

教师：小朋友们真棒，都回答得非常好，我们不能通过外貌、性格来判断一个人的性别，每个人都是独一无二的，都值得被尊重。下面一起来谈谈我们的兴趣爱好吧！

（三）知识点一：什么是兴趣爱好

○ 引导提问

教师：老师想问问大家，你家里有哪些玩具？你还想要什么玩具？（学生回答）

○ 知识点讲解

教师：老师发现每个小朋友都有自己的想法，非常好。我们每个人都有自己喜欢的玩具、运动，喜欢做的事情，比如画画、唱歌、跳舞、打球等，我们把这些称为兴趣爱好。小朋友看看这是什么呀？（教师出示几张自己的兴趣爱好的照片或图片，与学

生分享）

教师：老师小时候最喜欢画画，慢慢地画画成为我的爱好，到现在我还会在周末休息的时候画上几张。你们对什么感兴趣？有自己的爱好吗？（教师出示兴趣爱好的图片，如画笔、钢琴、吉他、溜冰鞋、唱歌……学生讨论交流）

教学提示

教师可以用自己的兴趣爱好引入，通过展示 PPT 里的图片或兴趣爱好的卡片，向学生提问，与学生互动，调动学生回答问题的积极性。本知识点重在让学生知道有各种各样的兴趣爱好。

小结过渡

教师：老师发现小朋友们有很多兴趣爱好，有人喜欢玩小汽车、小火车，有人喜欢玩洋娃娃、跳舞，有人喜欢弹钢琴、打篮球、玩游戏、轮滑，有人喜欢画画、阅读等。那你们认为男生和女生的兴趣爱好有什么不同呢？

（四）知识点二：男生女生的兴趣爱好

课堂小游戏

教师：小朋友们，下面我们一起玩个兴趣爱好分类小游戏。老师这里有各种兴趣爱好的卡片，每个小朋友抽一张，你们先看看自己抽到的卡片，如果觉得是男生的兴趣爱好就把卡片贴在男生卡片的下面，如果觉得是女生的兴趣爱好就把卡片贴在女生卡片的下面，如果觉得是男生女生共同的兴趣爱好就把卡片贴在中间。（教师在黑板上粘贴男生和女生的卡片，然后把兴趣爱好的卡片发放给学生，学生给卡片分类。教师提醒学生在黑板上对应处粘贴）

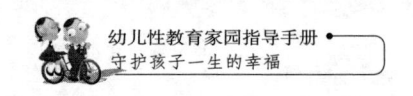

教师：一起来看看小朋友选的，男生的兴趣爱好有……女生的兴趣爱好有……男生女生共同的兴趣爱好有……（教师对不同位置的卡片进行解读）

知识点讲解

教师：刚才的选择只能代表我们每个人自己的想法，其他人的想法会和你一样吗？下面老师想问大家几个问题，女生可以玩玩具枪吗？（学生回答）

教师：女生可以玩玩具枪。老师小时候就很喜欢玩，老师的爸爸和哥哥们就会给老师买各种款式的玩具枪（男教师不用讲这句话）。有没有女生玩过玩具枪呢？（学生回答）

教师：男生可以玩洋娃娃吗？（学生回答）

教师：其实玩洋娃娃就是给娃娃梳头、穿衣服，男生有没有玩过洋娃娃的呢？举个手老师看看。（学生举手）

教师：那有没有谁想玩洋娃娃呢？（学生回答）

教师：男生女生都可以玩洋娃娃，给娃娃梳头发、穿衣服。等你们长大了就可以给自己梳头发、穿衣服，以后有了宝宝，也可以给他们梳头、穿衣服。

教师：女生可以玩挖掘机吗？（学生回答）

教师：女生可以玩挖掘机，那女生们，你们有没有谁喜欢玩挖掘机的呢？举个手老师看看。（学生举手）

教师：你们知道挖掘机是用来干什么的吗？（学生回答）

教师：我们住的房子就需要用到挖掘机，大家还可以去观察一下哪些地方需要用挖掘机。

教师：兴趣爱好不分男女，我们不能根据性别来限制每个人的兴趣爱好，每个人都可以选择和表达自己的喜好。一定要记住，我们要尊重别人和自己不同的选择。

◦ 知识大闯关

教师：刚刚老师和大家一起学习了兴趣爱好，现在老师想和大家一起玩闯关游戏。如果你认为对，就双手向上举在头顶；如果你认为不对，就双手交叉举在胸前。（教师演示）现在我们开始吧。

第一关：变形金刚玩具是男生才能玩的。（×）

第二关：女生可以打篮球。（√）

教师：我们国家有女子篮球队！要是你的小伙伴嘲笑她们，你觉得对吗？（学生回答）

第三关：男生可以跳舞。（√）

教师：看这个图片，小朋友们知不知道这是什么舞蹈呢？（教师出示男生跳孔雀舞的图片，学生回答）

这是孔雀舞，是非常好看的，还有很多民族舞都有男生跳。

◦ 课堂小游戏

教师：小朋友们，现在我们再看看刚才大家给兴趣爱好卡片分类的结果，你们觉得有没有需要调整的卡片？（学生回答）

下面，小朋友们重新来给卡片分个类吧。（学生再次给卡片分类）

◦ 教学提示

知识点讲解采用一问一答的形式，学生回答完后，教师需要再次强调该知识点以加深记忆，并对学生的回答给予肯定和表扬，提高学生回答问题的积极性。在讲解过程中，教师可以举一些例子，如吴季刚，从小爱玩洋娃娃，喜欢给娃娃穿衣打扮，长大后成为服装设计师等。在知识大闯关中，每一关学生判断后，教师可以出示3~4张对应的照片，强化学生的认知。

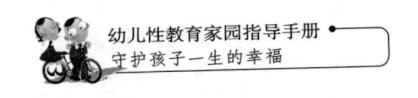

○ 小结过渡

教师：性别不能限制我们的兴趣爱好，我们要尊重别人的兴趣爱好！不能嘲笑别人！

（五）知识点三：学会表达

○ 引导提问

教师：接下来，老师给大家分享两个小故事。如果你是故事中的那个小朋友，你会怎么做呢？

○ 知识点讲解

情境一：丁丁正在玩自己心爱的恐龙玩具，东东也想玩，他走过去说："丁丁，你的恐龙好厉害，我也想玩。"如果你是丁丁你会怎么做？（学生回答）

教师：小朋友们都说得很好！我们可以分享玩具，因为玩具有很多，要是都买回来家里可能就放不下了，而且买玩具要花钱，所以我们不可能把想要的玩具都买回家。当小朋友分享玩具的时候，就可以玩更多的玩具，而且如果大家经常分享玩具，你和小伙伴的关系也会变得越来越好。所以分享玩具还可以交到更多的朋友，大家都会更开心！

教师：当然，如果你不愿意分享，可以不把自己的玩具给他玩，我们可以对他说"不，我不愿意"，拒绝是没有关系的，因为自己的东西可以自己做主。但是如果他把你的玩具抢走了，就去告诉老师、爸爸妈妈或其他信任的大人，向他们寻求帮助。

教师：那小朋友们，如果你想玩别人的玩具，但是别人不想与你分享，你该怎么办呢？（学生回答）

教师：我们可以通过交换的方式，把你心爱的玩具拿出来一

起玩。如果别人还是不愿意，我们就要尊重别人。一定不能去抢，这是不对的。小朋友们听懂了吗？（学生回答）

情境二：小航和爸爸妈妈去逛商场，在他最喜欢的玩具反斗城里看上了一个自己喜欢的玩具，爸爸妈妈却不愿意给他买。如果你是他，你会怎么做？（学生回答）

教师：我们可以向爸爸妈妈说你想要这个玩具的理由，和爸爸妈妈商量。如果爸爸妈妈不给你买，我们要尊重爸爸妈妈，因为一个家庭有很多地方要花钱，爸爸妈妈有自己的安排。我们也可以每天做一些力所能及的家务，按时睡觉、好好吃饭、不挑食等，表现乖一些，爸爸妈妈可能就会在过节或者你过生日的时候买来送给你；也可以等你长大了，自己挣钱去买。要记住：自己想要的东西应该通过自己的努力去争取，尤其是玩具，不能为了达到目的就生气、哭闹、耍赖皮等，这些都是不好的方式，是不对的。小朋友记住了吗？

● 教学提示

教师可以根据教学内容设计一些简单的生活故事情境，让学生帮故事里的小朋友想办法。该知识点的重点较多，在讲解时要注意放慢节拍，每一个提问都要带入情境，否则学生可能理解不了。教师需要多次强调该知识点以加深记忆，并对学生的回答给予肯定和表扬，提高学生回答问题的积极性。

（六）课堂小结

● 教师提问

教师：有小朋友愿意分享一下这节课老师都讲了哪些内容吗？（学生分享）

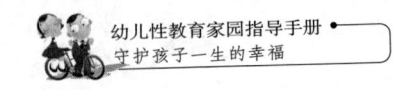

小　结

教师：兴趣爱好就是我们生活中喜欢的玩具、运动项目、娱乐项目等。每个人都有不同的兴趣爱好，都可以表达自己的喜好。我们应该尊重别人和自己不同的兴趣爱好，学会分享（玩具、零食等）、学会拒绝，也要懂得尊重。要记住：想要的东西不能通过哭闹等不好的方式去获得，应该通过努力去争取。

课后作业

教师：小朋友们，回去和爸爸妈妈聊一聊你们的兴趣爱好。

结束语

教师：我们今天的课就上到这里，感谢小朋友们的聆听！下节课我们将一起谈谈我们的理想，小朋友们，再见。

第十二课

我们的理想

教学目标

（1）知识：了解常见的职业，认识到职业不分男女，性别不能限制每个人理想职业的选择。

（2）技能：能够表达自己的理想，能够正确判断职业不分男女。

（3）情感与价值观：尊重别人和自己不同的理想，不取笑别人的选择，知道可以通过不懈地努力实现自己的理想。

教学准备

教学课件（PPT）、职业卡片（图片或卡通贴纸）、动画视频（专心致志）。

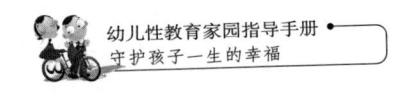

教学过程

（一）课程介绍

教师：大家好，我是××老师，今天我要和大家一起来谈谈我们的理想。小朋友们还记得我们的课堂约定吗？123，坐坐好。（练习一遍）如果老师提问，小朋友要先举手，老师邀请了你再回答。对遵守约定并答对了的小朋友，老师有奖励哦！（教师和学生打招呼后，说明课程主题，然后复习课堂约定，方便课堂管理）

（二）主题导入

引导提问

教师：上节课我们学习了兴趣爱好。哪个小朋友愿意和大家分享一下我们学过的内容？（学生分享）

教师：小朋友回答得非常好。下面一起来回顾之前我们学习的内容吧！

知识点回顾

教师：老师会问你们几个简单的问题，小朋友们一起回答好不好？

教师：女生可以玩玩具枪吗？（学生回答）

教师：男生可以玩洋娃娃吗？（学生回答）

教师：女生可以玩挖掘机吗？（学生回答）

教师：男生可以跳芭蕾舞吗？（学生回答）

教师：女生可以打篮球吗？（学生回答）

教师：如果你想玩别人的玩具，但是别人不想与你分享，你该怎么办呢？（学生回答）

教师：我们要尊重别人，我们不应该去抢别人的东西，这是不对的。那如果别人想玩我们的玩具，我们应该怎么办呢？（学生回答）

教师：如果我们愿意分享，就可以给他/她玩；如果我们不想给他/她玩，我们可以勇敢拒绝。那如果我们拒绝后，别人还要抢我们的玩具，我们应该怎么办呢？（学生回答）

教师：要是被抢了，一定要告诉老师、爸爸妈妈或者其他信任的大人，向他们寻求帮助。

● 教学提示

采用一问一答的形式，学生每回答一个问题后，教师再强调一遍该知识点以加深记忆，配合PPT展示的图片帮助学生复习，回顾核心知识点。

● 小结过渡

教师：小朋友们回答得都很棒。每个人都有不同的兴趣爱好，我们应该尊重别人和自己不同的选择，同时也要学会分享、拒绝，想要的东西不能通过不好的方式去获得，应该通过努力去争取。下面让我们一起来谈谈我们的理想吧！

（三）知识点一：我们的理想

● 引导提问

教师：小朋友们，你知道××老师是做什么工作的吗？（学生回答）

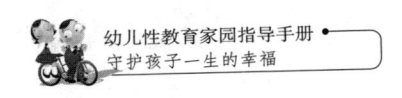

教师：是的，老师是教授小朋友知识的，这是我的工作，也就是我的职业。那你们知道爸爸妈妈是做什么工作的吗？（学生讨论）

教师：小朋友们还知道哪些职业呀？（根据学生回答，展示相应的职业卡片）

教师：小朋友们真棒！

知识点讲解

教师：我们先来玩一个看图猜一猜小游戏吧！看看老师给出的图片，猜一猜图片里的人们是什么职业，他们主要是干什么的。

教师：（出示宇航员的图片）这个图片上是什么职业？宇航员的工作是什么呢？（学生回答）

教师：宇航员是探索外太空的。有没有小朋友想当宇航员呢？

教师：（出示医生的图片）这个图片上是什么职业？医生的工作是什么呢？（学生回答）

教师：医生可以给我们看病，也可以给孕妇接生或者宣传健康知识等。有没有小朋友想当医生呢？

教师：（出示建筑师的图片）这个图片上是什么职业？建筑师的工作是什么呢？（学生回答）

教师：建筑师是设计漂亮房子的，设计好后，工人们就会按照他的设计去修建房子。有没有小朋友想当建筑师呢？

教师：（出示警察的图片）这个图片上是什么职业？警察是做什么的呢？（学生回答）

教师：警察是抓坏人、保护我们安全的。有没有小朋友想当警察呢？

教师：（出示消防员的图片）这个图片上是什么职业？消防员是做什么的呢？（学生回答）

教师：消防员是灭火救灾的。有没有小朋友想当消防员的呢？

教师：（出示收银员的图片）这个图片上是什么职业？收银员是做什么的呢？（学生回答）

教师：收银员是商场里面收钱的。

教师：刚刚小朋友们都回答得非常棒，都知道好多职业。在这些职业中有没有你以后想从事的职业呢？请小朋友想一想，自己长大后想干什么，以后想从事什么职业。（学生讨论并分享，教师把男生选的职业和女生选的职业分别记下来）

教师：男生选的职业有……女生选的职业有……男生女生都选了的职业有……小朋友们觉得男生选的职业，女生可以做吗？女生选的职业，男生可以做吗？（学生讨论）

教师：职业不分男女，不管男生还是女生都可以做自己想做的工作。

课堂小游戏

教师：接下来，老师想和大家一起玩个"你比我猜"的游戏。老师这里有各种职业的卡片，每个小朋友来抽一张，你们先看看自己抽到的卡片，想想这个职业是做什么的，然后上台表演一下这个职业一般要做的工作，其他小朋友一起来猜猜这是什么职业。（教师和助教先给学生示范，再开始游戏）

教学提示

知识点讲解采用一问一答的方式进行。教师在观察孩子选择职业的过程中，相继认可女孩选择飞行员、工程师等，给出素材引导，如中国首位登上太空的女宇航员等。认可男孩选择服装设计师、化妆师等，给出素材引导。帮助学生建立职业选择与性别无关的意识。情景模拟游戏中，尽量准备几个表演起来简单的职

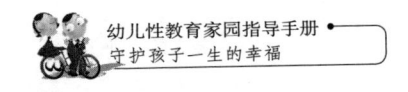

业卡片。

> 小结过渡

教师：小朋友们都表演得非常棒。记住职业不分男女，每个人都可以有想做的工作，有自己的理想，要尊重别人和自己的理想，不嘲笑别人！

（四）知识点二：一起努力吧

> 引导提问

教师：刚才小朋友们都讲了自己长大后想干什么，这就是我们的理想，这些理想都非常美好。下面我们来想一想，怎样才能实现自己的理想呢？（学生回答）

> 知识点讲解

教师：很多小朋友都说到了我们要好好学习，从现在就开始努力。那小朋友们知不知道学习是什么样的过程呢？老师想问问，小朋友们上过兴趣班吗？分享一下在兴趣班里学习的感受吧。（学生分享）

教师：小朋友的感受是多种多样的。有的感到快乐，有的感到辛苦，有的感到无聊……下面我们一起来看个视频吧。（播放专心致志视频）为了实现我们的理想，我们一定要坚持，坚持就是胜利。就像弹钢琴，只要我们每天坚持练习，即使我们现在弹得不像大钢琴家那么好，但是我们将来也有可能超过他们。再比如画画，虽然现在画得不好，只要我们坚持，就能一天天进步，最后也有可能成为画家！

教师：学习是一个既快乐又辛苦的过程，为了实现理想，我们要好好努力。

> 教学提示

知识点讲解过程中,教师可结合一些绘本或动画视频,帮助学生理解实现理想需要努力。

(五)知识大闯关

> 课堂小游戏

教师:刚才大家一起认识了我们的理想,知道实现理想需要努力。那现在老师想和大家一起来玩一个闯关游戏。如果你认为对,就双手向上举在头顶;如果你认为不对,就双手交叉举在胸前。(教师演示)现在我们开始吧。

第一关:女生可以当宇航员。(√)

教师:男生女生都可以当宇航员,中国有好几个宇航员都是女生。

第二关:只有男生可以当警察。(×)

教师:男生女生都可以当警察。

第三关:只有男生可以当消防员。(×)

教师:只要我们拥有强健的体魄,男生女生都可以当消防员。

第四关:男生可以当护士。(√)

教师:男生女生都可以当护士,现在男护士还非常受欢迎。

第五关:有人嘲笑清洁工人。(×)

教师:职业没有高低之分,只要是劳动者,我们都要尊重。没有清洁工人,可能到处都是垃圾,就不会有优美的环境、美丽的城市。

第六关:我们要尊重别人的理想。(√)

教师:每个人都可以做自己想做的工作,我们要尊重别人的

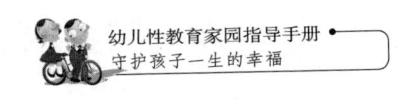

理想，不能嘲笑别人！

第七关：为了我们的理想，我们应该好好学习。（√）

教师：为了我们的理想，我们应该好好学习，而且只要我们努力了、坚持了，就一定会有收获。

> 教学提示

每个题目涵盖一个重要知识点，学生回答后，教师对错误的问题补充正确答案，巩固相关知识点。

（六）课堂小结

> 教师提问

教师：有小朋友愿意分享一下这节课老师都讲了哪些内容吗？（学生分享）

> 小　结

教师：职业没有高低贵贱之分，每个人都可以有自己喜欢的职业，性别不能限制个人理想的选择。我们要尊重别人和自己的理想，要记住：实现理想需要努力。

> 课后作业

教师：回家之后，问问爸爸妈妈他们小时候的理想是什么，现在实现了没有，是怎么实现的。

> 结束语

教师：今天的课就上到这里，感谢小朋友们的参与和聆听！我们幼儿性教育系列课程今天就全部结束了。祝大家健康快乐地成长，小朋友们，再见！

参考文献

[1] 性侵害儿童犯罪典型案例. 中华人民共和国最高人民法院 [EB/OL]. (2019-07-24) https://www.court.gov.cn/zixun/xiangqing/172962.html.

[2] 宁波16个月大女婴被熟人性侵，尿不湿上全是血！[EB/OL]. (2017-04-25) https://www.sohu.com/a/136385366_612707.

[3] 大连十岁女童被男童杀害案情：男童欲性侵，遭拒后杀人 [EB/OL]. (2020-08-10) https://www.thepaper.cn/newsDetail_forward_8660984.

[4] 上海书店性侵事件：被"性无知"毁掉的孩子 [EB/OL]. (2020-07-14) https://www.thepaper.cn/newsDetail_forward_8288123.

[5] 鲍毓明涉性侵养女案调查结果公布 [EB/OL]. (2020-09-17) https://www.guancha.cn/politics/2020_09_17_565475.shtml.

[6] 全网震怒！47岁男子光天化日下侵犯幼女，行车记录仪拍下罪恶一幕 [EB/OL]. (2022-11-11) https://www.163.com/dy/article/HLU8DLCV0548B0VJ.html.

[7] Emmerson L. Overcoming the ignorance of basic sex education [J]. Nurs Child Young People, 2016, 28 (8): 13.

[8] EY L A, McInnes E. Educators' observations of children's display of problematic sexual behaviors in educational settings [J]. Child Sex Abus, 2018, 27 (1): 88-105.

[9] Levine, M I. Pediatric observations on masturbation in children [J]. The Psychoanalytic Study of the Child, 1957, 6 (1), 117-124.

[10] 刘文利. 儿童性教育：必须全民高度关注的教育领域 [J]. 人民教育, 2013 (22): 21-23.

[11] 刘文利，李雨朦. 父母是孩子性教育的启蒙老师[J]. 教育家，2019 (29)：14－16.

[12] 宋娟娟. 以绘本为载体的幼儿园性教育研究[D]. 济南：山东师范大学，2019.

[13] 刘文利. 学校开展 CSE 是实现儿童健康、福祉与尊严的必由之路[J]. 人民教育，2021 (5)：47－50.

[14] 刘文利. 全面性教育的十大特点[J]. 教育家，2018 (41)：34－35.

[15] 方刚. 赋权型性教育：一种高校性教育的新模式[J]. 中国青年研究，2013 (10)：92－95.

[16] 方刚. 赋权型性教育给孩子好的性教育[M]. 北京：中国劳动社会保障出版社，2018.

[17] 苟萍. 初中性教育教师用书[M]. 成都：四川大学出版社，2022.

[18] 兰曦. 从课程开发的视角看性教育主题儿童绘本的选择与使用[J]. 教育观察，2022，11 (30)：32－34.

[19] 张芳. 谈幼儿"性教育"的现状和对策[J]. 儿童与健康，2022 (7)：6－8.

[20] 吴利群，卢清. 幼儿性教育研究的时代变迁与反思[J]. 基础教育研究，2021 (23)：85－87.

[21] 刘文利，李佳洋. 如何促进儿童积极的情绪发展[J]. 教育家，2021 (29)：69－71.

[22] 刘文利，魏重政. 面对校园欺凌，我们怎么做[J]. 人民教育，2016 (11)：13－16.

[23] 方刚. 校园性别暴力：新的定义与新的研究视角[J]. 中国青年研究，2016 (3)：76－80.

[24] 刘文利. 预防校园欺凌，全面性教育大有可为[J]. 教育家，2020 (1)：37－38.

[25] 方刚. 将性别教育引入学校性教育的思考[J]. 中国性科学，2007，16 (10)：6－7＋13.

[26] 肖迪，李孟儒，彭涛. 校园欺凌行为的性别视角分析[J]. 哈尔滨医科大学学报，2020，54 (6)：672－677.

[27] 方刚. 男性参与的意义、现状与推动策略［J］. 山东女子学院学报，2015（1）：23-27.

[28] 何兰兰，谢华. 幼儿园实施性教育的方法与途径探析［J］. 教育观察，2020，9（44）：1-3.

[29] 任雪敏，谢宇飞，刘艺敏，等. 绘本在幼儿性教育中的应用及分析［J］. 科技风，2020（5）：223.

[30] 方刚. 开放的性教育——影响孩子一生的性教育［M］. 南宁：广西人民出版社，2010.

[31] 方刚. 性权与性别平等：学校性教育的新理念与新方法［M］. 北京：东方出版社，2012.

[32] Robert Adams. 培训、参与、社会工作［M］. 陈秋山，译. 台北：心理出版社，2010.

[33] Robert Adams. 赋权、参与和社会工作［M］. 汪冬冬，译. 上海：华东理工大学出版社，2013.

[34] WHO（World Health Organization）. Standards for Sexuality Education in Europe［S］. 2010.

[35] 王玲. 英国性教育实践及启示［J］. 西部学刊，2023（8）：62-65.

[36] 宋丽博，傅路军. 3-6岁幼儿性发展的年龄特点［J］. 黑龙江教育学院学报，2018，37（2）：74-76.

[37] 方刚，罗扬. 小学生性教育教学工具包［M］. 北京：知识产权出版社，2021.